大是文化

洞察，認清世界的真實面目，當個聰明人。直觀真相，裝糊塗也別真糊塗。

10種洞察

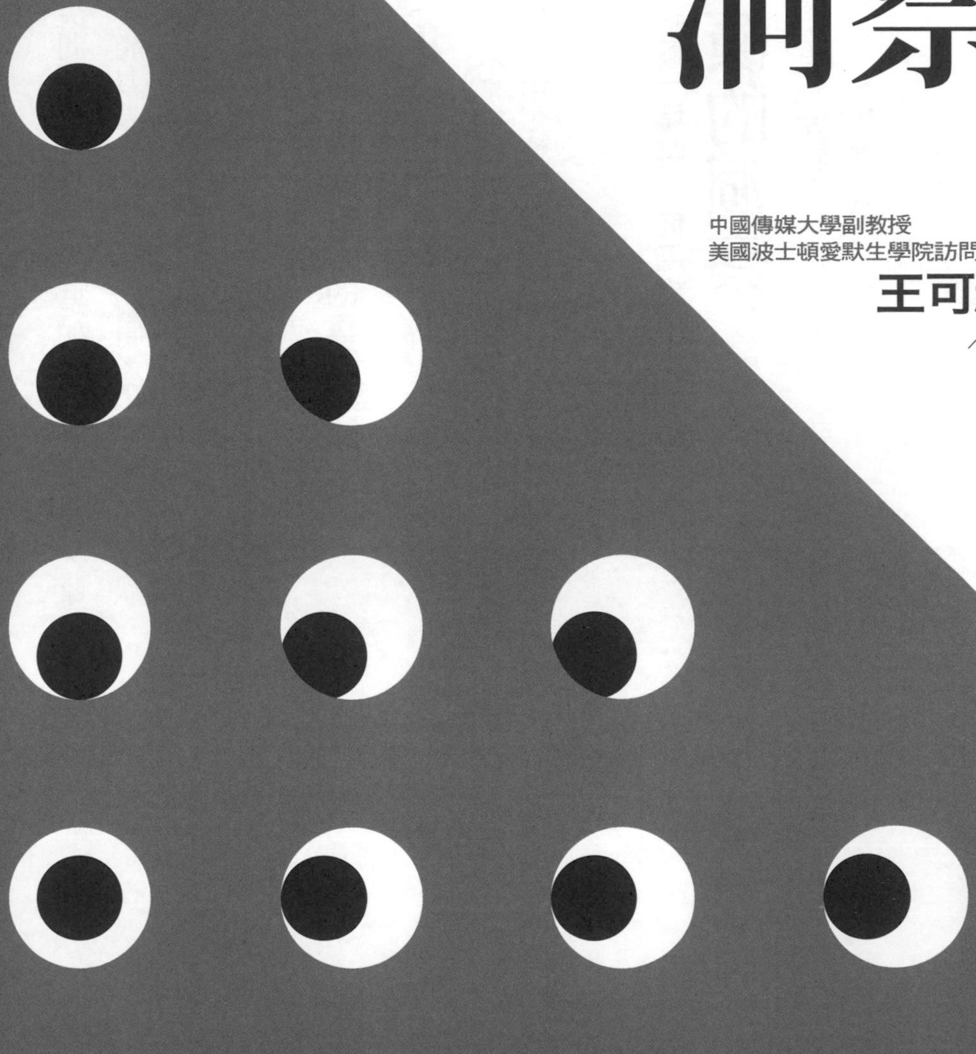

中國傳媒大學副教授
美國波士頓愛默生學院訪問學者
王可越
／著

目次

推薦序一 解決問題前，更重要的是如何覺察、發現／陳政廷 *007*

推薦序二 洞察能力，決定一切的結局／林郁棠 *011*

序　章 洞察，就是看穿事情的能力 *013*

01
人心的洞察
跳過想當然，理解對方的真實意圖—— *019*

字面意思不是字面意思／為什麼我們既想睡，又想醒著／老年人的叛逆／親密關係中，情大於理

02
表演的洞察
人生就像一場戲，你演誰—— *047*

跟別人一樣，比較安全／看似隨意，其實暗藏心機／人穿衣服，還是衣服穿人／一切帶有「應該」的造句

03
自我的洞察
如果錢不是問題，你想做什麼——
今天，你又騙自己了嗎／我為什麼火氣這麼大？／只要活著，好事總會發生／成功就說自己棒，失敗就怪環境爛
075

04
感受的洞察
我可以，為何你不行——
感受決定東西的價值／不同的人，有不同的真實／誰偷走了你的視覺震撼？／餓了？為什麼不吃肉
101

05
故事的洞察
宇宙不是原子構成，是共鳴——
名字為故事訂基調／不了解內情前，一切都很神奇／看戲，但別入戲／一個產品要攜帶一個特別的故事
129

06
當局者迷——
全局的洞察
如果我是魚，是否能看見水／心隨境轉，環境塑造行為機制／每個母親都有力不從心的時候／哪有那麼多便宜可占
159

07
避免自己格格不入——
規則的洞察
開玩笑要看場合／工作的本質是價值交換／買東西，「感覺」很重要／規定不能做的事，更有吸引力
187

08
真相很少純粹，也絕不簡單——
簡化的洞察
圖釘原理／非黑即白不是簡化／我們相信什麼，就會強調什麼／憑什麼成功只有一種
215

09
近看是悲劇，遠看是喜劇——
視野的洞察
透過紙窗破洞看銀河／人生近看是悲劇，遠看是喜劇／我消費、我擁有、我有用／專業是一套道理，不一定合理
241

10
我們和股神的差別——
趨勢的洞察
手裡拿了槌子，你就會去找釘子／從不起眼的細節找改變／讓人不舒服的事，就是商機／無限猴子定理
267

推薦序一

解決問題前，更重要的是如何覺察、發現

創識智庫執行長、國內知名企業輔導顧問／陳政廷

我因為工作的緣故，經常需要協助企業客戶發現自身問題、解決目前所遇到的障礙，不管問題有多複雜、牽涉面向有多廣泛，能否適當處理問題，關鍵往往不只是在如何解決，更重要的是如何覺察、發現，而其背後所運用的核心能力，就是此書所談論的洞察力。

我認為洞察力，就是對事物敏銳的覺察與判斷，知其然，知其所以然，保持清晰且獨立的思維，進而掌握事物本質與意義。一個人如果能培養良好的洞察力，在如今這個VUCA（按：取易變性〔volatility〕、不確定性〔uncertainty〕、複雜性〔complexity〕、模糊性〔ambiguity〕開頭字母簡稱）的混沌時代，絕對是一個超級重要的能力！

尤其在淺碟文化（按：形容人們在虛擬世界中快速瀏覽或參與各種主題、資訊、趨勢，卻不深入了解的現象）、專注力不足、不求甚解的世界中，擁有洞察力的人就像開了外

掛一般，能領先同儕，不管走到哪裡，都可以創造亮眼成果！

我很榮幸能向各位推薦《10種洞察》這本書，因為市面上專門探討洞察力的書籍真的太少了，本書不僅深入淺出，而且書中很多例子皆讓人頗有共鳴，這也是我非常喜歡這本書的地方。我總結了三個最大的收穫，也是最容易落實在生活與工作當中的處世智慧：

1. 完整接收訊息，並開始覺察話語中的更深層意涵

斷章取義，一直是許多人溝通上的通病，往往也會造成不必要的困擾。而我特別喜歡書中第一章所提到的改善方法：溝通時，要了解對方語境與前後文，避免自己輕妄下判斷。

也就是說，從自身開始做起，對於重要的事情，不用模稜兩可的言語來陳述，同時願意去探索他人話語中更深一層的意圖，理解他人沒說出口的心聲。例如，我從〈老年人的叛逆〉（見第三十三頁）當中，反思我跟長輩相處的情況，十分有共鳴。

我承認這並不是一個簡單的課題，但如果加強這項能力，絕對可以幫助自己提升溝通品質，進而做出更好的判斷。

2. 釐清自我意志，覺察集體意識如何影響自我判斷

俗話說「棒打出頭鳥」，在從小到大的教育環境中，我們彷彿被制約了一般，不知不覺習慣壓抑自我、順從集體觀點，因為這麼做，會讓我們感到安全，也是最省事的做法。

書中第二章第一節有一段話，特別引起我的共鳴：「我們都在某個群體中尋找認同感和安全感，但共同的東西多了，也容易在相似的觀點中喪失自己的判斷力。」

這也在提醒我們，從現在開始，要用更客觀的角度，看待自己的思維與情緒，辨認出自己在哪些面向上，最容易受到集體意識的影響，以免自己做出「從眾不從己」的判斷。

3. 培養反思習慣，避免成為判斷偏誤的工具人

當人在自我評價時，容易有基本歸因謬誤的傾向——習慣把好結果歸功於自己，把壞結局歸咎於外在，尤其當局面發展不如意時，人容易陷入受害者情節，甚至認為自己是家庭、公司、社會的工具，彷彿自己是全世界最無辜的人。

書中第三章第四節有一段話，我覺得很值得省思：「任何技術都無法將人徹底工具化，將我們徹底工具化的，只有缺乏反思的自己。」

我們確實很難真正做到完全客觀，特別是當自己期待的結果落空時，更容易放過自己在事件當中犯下的失誤，而將焦點集中在自己的付出與努力，但正是這種情緒與思維，才最容易讓我們偏離事件真相。

當我們開始練習洞察自我，跳出框架、客觀觀察、分析事情時，才能從已發生的事件

中，得到啟發與學習。拋開工具人情結，重新、從心拿回人生的主導權。

以上三點，是我從《10種洞察》中得到的收穫，真心推薦給每一位想要更認識自我、培養敏銳洞察力的人，本書絕對是一本讓你充滿啟發與收穫的超值好書。

推薦序二

洞察能力，決定一切的結局

文字力學院創辦人、立言顧問講師／林郁棠

誰需要這本書？願意走出舒適圈、打開視野、覺察萬物的人！若是已經學會洞察一切，或是不願意知曉洞察為何的人，便闔上它吧。

什麼是洞察？本書作者給出了一個清晰的答案：「洞察是在觀察之後做出的敏銳判斷，知其然，知其所以然，幫助我們探索究竟、分析本質，追問真正的原因及其意義。」簡單來說，就是透過觀察與分析，搞懂各種人事物的本質。

擁有洞察力對我們什麼好處？我認為是不容易被騙。

想想看，當你擁有看穿事物本質的能力，在閱讀一段文字時，你就能了解作者背後的意圖，到底是出於善意分享，還是惡意操控？當你與另一個人對談時，可以迅速判斷對方的潛臺詞是什麼，進而讀懂這一局。反之，如果我們缺乏洞察一切的能力，可能僅僅閱讀一篇文章，便被輕易說服；與他人談話後，直接被牽著鼻子走。

當我們能理解自己與他人的行為、想法與感受，所有事情的難易度都會降低：人際互動簡單了、商業簡報變輕鬆、文案寫作更容易，因為，每一件事情幾乎都和「人」有關，洞察力，就是一種深刻理解人的技巧！

我是一名文字力教練，指導學員透過一種以改變為前提的文字力表達模式，藉由文字或語言達到想要的結果。有的人學完之後，獲得良好成效，例如，透過文字就能創造源源不絕的收入，甚至還有人因此改善自己與父母之間的關係。然而，也有人學完之後，雖然文案寫作力肉眼可見的提升，但創造力卻有限，我發現兩者之間最大的差異，不在於才華，而在於觀察事物的能力。

能把文字寫入人心的人，是因為察覺客戶沒有說出口的渴望與害怕；可以透過溝通改善與父母間的關係，則是觀察到父母對自己的期待與擔心。相反的，如果缺乏發現事物背後的意圖，所有的文字技巧與說話方式，都將流於表面，難以打動人心。

閱讀本書，將全面提升你的洞察力：洞察自己、他人、世界以及規則，作者十分熱切的想要與各位分享他的所有發現，至於你是否想要擁有更深刻的洞察力，由你決定。

序章

洞察，就是看穿事情的能力

你看見了曲折的影子，意味著有一條蛇嗎？
也許只是一條麻繩。
你聞到了茉莉花的味道，意味著有茉莉花開放嗎？
也許只是茉莉味的薰香。
老闆不幫我加薪，意味著我不夠好嗎？
暗戀對象不理我，意味著他不喜歡我嗎？
你是否把假戲當成了真情？
把短片裡的致富故事當真了？
有翅膀的不見得是天使；
騎白馬的不見得是王子。
我們看到了一種現象，意味著有若干種可能，而不僅是一種。

什麼是洞察？洞察是在觀察之後做出的敏銳判斷，知其然，知其所以然，幫助我們探索究竟、分析本質，追問真正的原因及其意義。

無論面對一句話或一條線索，還是一個人或一件事情，當我們太過流暢的說：「我知道」時，就值得我們懷疑。我知道什麼？也許我根本不知道，「這世上的問題，是智者遲疑而愚者自信」。過於順利的了解，往往就是在想當然。**搞不清真實情況卻盲目自信，反而會**

讓我們做出愚蠢判斷、把事情搞砸。把笑臉當愛情，把挫折當末日；什麼都當真，或什麼都不當真；感情用事，衝動行事，這些都是缺乏洞察力的表現。

要想讓自己的觀點更有穿透力、利用認知把握潛在機會，就需要擁有不同的思想框架、廣闊視角，更有深度的領悟。這些就是洞察的邏輯。

為什麼要去洞察？我要活得明明白白，而不是糊裡糊塗。有人反駁我：「想太多幹什麼？難得糊塗！」可是所謂的「難得糊塗」，並不是真糊塗。明白的人可以裝糊塗，但真糊塗的人沒辦法把事情搞清楚。

明白，意味著知道問題的關鍵所在，是解決問題的前提。而洞察，就是為了搞清楚問題究竟是什麼。

拓展視野，找出價值與機會

為什麼要學怎麼洞察？因為世上很多生物天生都有局限性。比如，即使撤掉魚缸裡的擋板，一天到晚游泳的魚仍然會在老地方折返；鳥可以飛去任何地方，卻往往回到同一棵樹上；人可以自由的擁抱遠方，但實際上，大部分的人只在熟悉的範圍裡兜兜轉轉。如果我們缺乏洞察力，認知就浮動、避重就輕；僅與「英雄所見略同」的人惺惺相惜，排斥不同想法，我們的視野就會越來越狹窄，觀點會越來越淺薄。即便看到了新啟發，我們也無法識別其中的價值和機會。

認知的深度與廣度，決定了我們的世界有多大。洞察力，限制或拓展了我們的潛能，也塑造著我們的未來。同樣遭遇一件事，有人感到意味深長，有人覺得不過如此。在危機中，有人痛苦難過，有人卻抓住機會。在日常生活中，無論讀書、工作、談戀愛還是投資，如果缺乏洞察，不想明白各種現象背後的規律，我們往往會吃虧或錯失良機。

我們如果種地，就需要有看穿事情的能力：「如果大家都種蔥，那我們就種蒜；如果大家都種蒜，那我們就種蔥。」大家都種的品種，市場供應量會增加，價格反而會降低；反之，則價格上漲。如果我們談戀愛，分析「我愛你代表什麼意思」也需要這項能力。我愛你，也許是愛過你的總結；也許是將要愛的承諾；或是一個愛的邀約，意思是「我等著你來愛我」；也有可能只是逢場作戲，客氣一下而已。缺少洞察力，不明白語言背後的真實意圖，就無法行動。

世界廣闊，洞察無限。本書涉及日常生活中洞察相關的話題。

洞察自己（自我的洞察、感受的洞察）：正在減肥的我運動了五分鐘，卻多吃了一碗飯，我在自我欺騙嗎？我認為舒服的事，對其他人適用嗎？究竟是我擁有了奢侈品，還是奢侈品控制了我？

洞察他人（人心、表演的洞察）：人們在腦海中認為不，但最終為什麼會說是？為什麼年輕人標榜自由，卻更怕失去安全感？網路暱稱叫做「雲淡風輕」的人，真的什麼都不在乎嗎？

洞察世界（故事、全局、規則的洞察）：為什麼在餐廳花越多錢，吃到的食物越少？為什麼我們靠運氣賺回來的錢，又靠實力虧了回去？

本書還涉及洞察的基本方法（視野的洞察、簡化的洞察、趨勢的洞察），幫助我們看得更遠、更深，找到新的思考角度，突破理所當然的想法。例如：孩子一定純真嗎？老人的經驗都有道理嗎？果汁就很健康嗎？隔夜水真的不能喝嗎？世界上有純粹的好人或壞人嗎？看起來很好的事，為什麼後來忽然變壞了？為什麼極簡主義會流行，又會過時？這些話題並不孤立，它們彼此關聯，相互交織。比如，我們透過洞察他人，也觀察了自己；我們洞察世界，同時清楚了解自己或他人所處的位置。

「世事洞明皆學問，人情練達即文章。」洞察，幫我們找到一件事的深層原因，解開生活、工作、人際關係的難題。

如果你正困惑於如何選擇工作、規畫未來，或搞不懂如何與伴侶、父母溝通，你可以在本書中找到一些啟發。如果你覺得自己運氣不佳，受困於兩難境地，難以做出抉擇，你也需要學習這個能力，分析一下究竟是哪裡出了問題。

洞察力也是一種實用的創新性工作技能，我在數百次經理人的工作坊中講授過它。無論你從事產品或品牌設計，還是營運或銷售，你都需要這種見微知著的基本能力。**透過它，我們將打破理所當然的預設**，看到未被滿足的使用者需求，用新的產品和服務打造開拓性的解決方案。如果你是團隊的管理者，當社會發生任何變化時，你也能看到輪轉的趨勢，**捕捉新變化帶來的新機遇**。

對我來說，洞察是一種自我修練。我來到世界走一遭，如果難以變得更智慧，至少要讓自己避免愚蠢、減少偏見。因此，我時刻磨練思考力，努力讓我的思想之刃更銳利一些。親愛的讀者，我邀請你一起，用洞察之刃，劃開日常生活的表象。當我們見識到世界的本來面目時，我們仍有可能愛它。

洞察之後，我們會知道世界的真面目，擁抱自由生活的同時，也清楚自由的代價。那才是一種明白的愛。我不希望不明所以，活得糊塗。

第一章

跳過想當然，理解對方的真實意圖——

人心的洞察

「世上有兩樣東西不可直視，一是太陽，二是人心。」

人心如此曲折，我們心裡想著不，也許嘴上卻説是，反之也有可能。

人們的言辭中也許藏著更豐富的內涵，往往言不盡意，又往往有言外之意。

洞察人心，就是跳過想當然的理解，接近對方的真實意圖。雖然難度很高，但稱得上是活在這世上的必修課。

1 字面意思不是字面意思

主管說：「我簡單說幾句……。」身邊的女性朋友說：「我最近胖了……。」這些話意味著什麼？該怎麼把話題聊下去？

我們都知道，「簡單說幾句」不會很短，也不會過於簡單；說「我最近胖了……」的朋友是希望得到否定的回應，「妳這叫胖？我才胖了呢！」即便聽起來有點虛情假意。

在餐廳外候位，你問服務生還要等多久，對方微笑回答：「很快，大概十幾分鐘。」這句話背後是什麼意思？如果你把十幾分鐘的虛數當成實際時間，就會越等越火大，因為可能過了半小時還是沒有位子。

當我們走山路，問同鄉還有多遠時，他們會說：「還有兩、三公里吧，快到了。」我們走了很久，再問另一個同鄉，他還是說：「很快就到了。」老鄉和服務生一樣，自有一套說話方式。他們說的很快，並不是我們理解的很快。究竟有多快？要自行判斷。

不同人說話，表達的意思不一樣。話還是一樣的話，就看我們如何理解，能否適應溝通的彈性。

試圖探索話語中隱藏的意圖，分析這句話的背後意義，這個過程就是洞察。

「隨便」、「都可」——背後的潛臺詞是？

我們說話時，背後都有潛臺詞，懂的人都懂。例如，原則上不行，意思是再聊聊，有可能；理論上可以，其實就是不行；我們改天約吃飯、要不吃了飯再走，意思都是再見。還有比較複雜的，有人說：「我不喜歡麻煩別人」，潛臺詞是「你也別來麻煩我」；有人宣布對事不對人，說明他接下來說的話，很有可能針對在場的某人，這些話會讓那個人感到不舒服。

指出兩個人說話的詞句來分析意思沒有意義，因為沒有絕對，而相對意思則存在於上下文之中。各位需要試著從對方沒有明確說出來的那些話中找出意義。你惹火了對方，如果對方說沒關係，也許是真的沒關係，但也可能大有關係，只是忍辱負重，不想跟你多說。

能否聽懂一句話，考驗的是一個人的敏銳度和解讀能力，我們說出去的話能否被準確理解，還要看對方能否接住。當你說：「今晚的月色真美」時，你的本意是含蓄的表達愛情，如果對方很「木頭」，他就只會談月亮本身；女生表示身體不舒服，男生對她說：「那妳多喝點熱水。」女生可能認為這個男生太愚鈍，不值得交往，可是一句多喝熱水，也許僅意味著對方有照顧的心思，卻不懂如何表示關懷。

再比如，男生問：「吃什麼？」女朋友回答：「都行，隨便。」真的隨便嗎？女朋友說的隨便，也許並不隨便，她可能在期待對方猜到她的偏好；反過來，當女生聽到男朋友說

「我都行，隨便吧」時，女生會生氣嗎？她可能覺得男朋友不關心自己。可是還有一種可能，男朋友是真的沒什麼想法，只是女生在為沒有得到自己預設的答案生氣而已。

有時，我們的話語中有更深層次的意思；有時，我們只是不知道該如何表達，只好言盡於此。

有錢人自嘲窮，好看的人說自己醜

為什麼我們無法理解？為何無法察覺對方真正的意思？也許是因為我們的生活、教育背景不同，性格、價值觀等方面有所差異。我們把自己的想法套在別人的表達上，有時候又太在意無意義的感慨或吐槽。

很多年輕人喜歡把自己的情況說得慘澹不堪，「我覺得自己累得跟狗一樣，我知道，我錯了，狗怎麼可能像我那麼累。」、「現在都不想設金融卡密碼了，用六位數保護個位數的存款，想想都心累。」、「又一天過去了。今天過得怎麼樣，夢想是不是更遠了？」、「努力不一定能成功，但不努力會很輕鬆哦！」這麼說的年輕人真的慘到這種程度嗎？喊累死人的人並不會死，真正累死的人連喊出來的力氣都沒有。「在哪裡跌倒，就在哪裡躺一會兒」，沒有幾個人真的會歇一會兒。大部分自稱廢物的人不會停止奮鬥，吐槽一陣後，他們還是該幹什麼去幹什麼。說自己有社交恐懼的人，會因為幾句吐槽而聚集在一起，展開一場談話。對這類人，我們就當他們在撒嬌，說得學術一點，也可以叫「自我開脫」。

有錢人自嘲窮，好看的人說自己醜，博學的人說自己不太懂。有一部分自嘲是謙辭，更多的只是曲折的自我吹噓。說自己窮的人，反而不怎麼窮；說自己胖的人，通常不胖，甚至頗瘦，這就是聊天中「凡爾賽」[1]的基本規則。自我挖苦，只是為了展現自己的優勢。

你問一個人為什麼不快樂，對方說因為沒錢，但他不快樂，肯定不僅是因為沒錢。窮人會出來哭窮嗎？當然有可能。可是，我們也要有這樣的察覺力：真正淒慘的人，往往怕被人看出來；沒自信的人常常想辦法藏拙，唯恐暴露缺點。

即便我們讀懂對方的真實想法，也沒必要揭發出來。吐槽或炫耀雖然沒有實際意義，但它是我們日常生活中的休閒活動。人們交流的重點是建立情感連接，說閒話或廢話，能幫助增進感情。話說回來，誰會一直說有用的話呢？在一起說廢話的人才比較親密吧。

「好的，但是……」意思是不好

字面意思很坑人，想聽懂別人的話，就要先理解這個人。

我們在談話時，要了解對方的語境和前後文，讓對方多講幾句、具體說說，從而了解前因後果；不能讓對方平淡直述，或抓住某個字眼不放。當了解更多背景資訊時，我們才會知道對方的真實意思。如果你們不是閒聊，彼此又猜不透，用詞就不能太模糊。重要的事情最好問清楚。如果對方說不好，我們就追問：「具體是哪裡不好？」

有人經常說：「好的，但是……」，這樣婉轉說話，重點就不是好的，而是但是後面的意思；或者有人嘴上同意，表情卻藏著一百個不樂意。溝通中出現誤會，也許是因為言辭含糊，還有可能是因為過度解讀。你的禮貌，對方理解成了好感；你的笑臉，對方當成了愛情。如果對方是個聽不懂笑話的人，你就不要開過火的玩笑。笑話不需要解釋，可是把笑話當真的也大有人在。因此，了解到對方無法領會，就不要過度要求對方的理解力。兩人之間存在默契是一件好事，但我們不要對此過度期待，否則只會自討苦吃。

說話，就是期待彼此能相互理解。聽見了抱怨，我們需要了解對方善意的願望。例如，店家知道顧客為什麼投訴嗎？壞消息是，顧客不喜歡這間店；好消息是，投訴的顧客至少對產品、服務有所期待，之所以會抱怨，是因為他期望店家能有所改變。

餐廳經理問我：「今天的菜怎麼樣？」如果我不想再來這家店，就不會多說什麼。真正失望的顧客不會投訴，他們只會沉默離開，並且不會再有後續消費或回饋。

如果詢問員工離職原因，經理能聽到真話嗎？也許可以，但大部分人只是離開了，不會真心實意留下他們的想法。如果伴侶還在數落你的種種不是，說明他沒有多恨你，至少還

1 中國網路流行用語，指用低調或講反話的方式炫耀的說話模式。

沒有想分手。他在表達困惑或溝通時的力不從心，底層的意思是：「我仍然在乎你，但不太理解你，我想試著改變我們的關係。」

總之，當我們聽對方說話時，除了理解字面意思，還要兼顧對方藏起來的言外之意。只要談話，就會產生各種誤會，這是由我們的個性、經驗、成長背景及溝通方式決定的，沒必要，也不可能強求所有人的溝通方式都一致。

想聽懂別人說話，要能聽出弦外之音。洞察人心，才能明白人們的真情假意，也意味著對溝通中的誤解抱有更大的寬容心。當傾聽更多、了解更多時，我們就可能理解贊同與拒絕之間的灰色地帶。這也是人心的微妙之處。

2 為什麼我們既想睡，又想醒著

我問學生：「你為什麼熬夜？」對方一本正經的回答：「我要用功讀書啊。」如果我們熟了，我就會知道，熬夜的同學們，大都是在磨蹭、猶豫，東摸摸、西玩玩。他們無事可做，也不肯關燈睡覺。

在年輕人群體中，有「報復性晚睡」的現象。晚睡是對誰的報復？也許是對父母管束的報復，或者是對之前嚴格自我管理的報復。

以前有家人管，我們被逼著作息規律；後來自己離家上學、上班，不得不按照行程規畫行事。而一旦有機會，就想盡情享受自由，如果白天很忙，就熬夜補償，儘管晚睡更累，玩耍耗費更多心神。熬夜打遊戲、追劇、去酒吧喝酒，簡直像另一種形式的加班，甚至比加班還累。越休息越玩，越玩越累，這也是很普遍的荒誕現象。晚睡者也會憎恨自己，或責怪手機。他們要求自己跟手機分房睡，其實他們都知道早睡有好處，但仍然選擇熬夜。

「用著最貴的保養品，吃著最好的保健食品，熬著最深的夜」——這是如今年輕人養生的真實寫照。部分年輕人努力上班就是為了努力玩，如果玩得不夠狠，就覺得自己白努力上班了。

有人告訴我：「我晚睡，其實是捨不得睡。睡過去，就浪費了。」、「這一天很空虛，不希望第二天那麼快到來。」醒著更划算，這種說法好比一則社會新聞：有人去住豪華飯店，為了值回票價，於是選擇通宵，似乎醒著過一晚，才能賺回付出的高昂住宿費。這也是很多人放長假時的感想。明明放假休息了一週，卻為了過更有價值的假期，而熬了更多的夜。上班之後，身體狀況甚至不如之前。這些年輕人睡覺的真實狀態，就是既想睡，又不想睡的矛盾心理。

我們在表述一件事情時，總是透露出內心還關切著另一件事情；嘴上不承認，行為卻很誠實。人心是矛盾的：我既想要這個，又不想放棄那個——我全都要。那麼，我們究竟是怎樣想的？這種矛盾心態很難被定性。

法國哲學家米歇爾・德・蒙田（Michel de Montaigne）說：「對習慣於觀察他人行為的人而言，最難的莫過於去探索人的行為的連貫性和一致性，因為人的行為經常自相矛盾、難以預料，簡直不像同一個人的所作所為。」為了看起來是個自洽[2]的人，我們會故意壓制一個選項，而積極維護另一個；但內心從未真正排除其中任何一個。

從本性來說，我想大吃一頓，我要躺著不動，不過，如果我一直躺著，就會覺得自己太頹廢了。我內在的聲音又開始自我勸誡：我要變瘦，不能太頹廢。不想放棄眼前的美好，以後的後果呢？仔細想想，也不敢掉以輕心。

我嘴上說的，不見得是心裡想的；心裡盤算的，不見得是潛意識中運行的；而潛意識也在不斷流動、變化。我們想要大吃大喝、享受美食，又怕自己變胖；我們想要盡情玩樂，但不願意承擔後果。人們想與眾不同、膽子大一點、出格一點，又怕太與眾不同。人們總處在糾結中。

有人把社交恐懼掛在嘴邊，又期待交到朋友，只是擔心不懂溝通，怕被人傷害；有人一邊熱衷於積攢優惠券省錢，一邊開盲盒[3]（盲盒最不理性，因為不知道結果）；有人喜歡安全而溫暖的環境，卻也期待冒險與挑戰，期望在朋友的帶動下，參與一次冒險。朋友取得成功，我替他高興，卻還有點嫉妒，這兩種情感都同樣真實。人就是這樣複雜多面。

有些時候，人不僅盲目，還虛偽空洞、口是心非；隨時可能改主意，為新的選擇找一套說辭，但是**人心的豐富，也正體現在此處**。

選擇這個，又惦記另一個？

各類年輕用戶洞察報告上寫著：年輕一代都很衝動，他們放縱不羈、愛自由。可是，

2 self-consistent，指按照自身的邏輯推演，可以證明自己至少不矛盾或者沒有錯。
3 銷售公仔商品的一種方式。

只要與一些年輕人相處過，我們就不難發現，這種簡單概括無法涵蓋他們的矛盾狀態。年輕人常說：「我們年輕，我們自由。」這句話的意思，並非年輕人真的獲得了自由，而是他們年輕，就應該嚮往自由。年輕人的宣告很可能只是一種願望——我想要成為這種樣子，而現實生活中，年輕人的自由衝動從不單純。

比如，大學生熱衷於探討養生保健知識，關心皮膚保養、掉髮問題，尤其擔心變老，他們既有財富焦慮，又有年齡焦慮，他們並不像我們想像中的那樣特立獨行，但又有很感性、理想主義的一面。由於缺乏安全感，他們放縱不羈的感性，更時刻顯得十分奢侈。

「人生而自由，卻無往不在枷鎖之中。」不僅是年輕人，恐怕我們每個人都渴望自由，卻又害怕在其中失控，或者無所適從。理論上，我們要做什麼都能去做，但限制也會隨之而來。對自由的限制不僅來自外界，更來自內心。我們想要由著性子衝破枷鎖，卻始終無法擺脫它，自由與限制相互拉扯，人們左顧右盼，兩邊都不想放棄。

從趨勢上看，養貓的年輕人越來越多。寵物承載了生活在城市中的年輕人的太多情感，他們把寵物當孩子養。

養貓，是屬於自己的小確幸（微小但確切的幸福）。工作了一天很累，可一想到能回家就不那麼累了，畢竟還有一隻貓在等我。貓意味著什麼？牠獨立而敏銳，牠們不會一直回應主人的呼喚。養貓人戲稱自己是「鏟屎官」，因為貓對主人的服務並不買單，甚至有些不屑一顧。

貓的不服從，代表自由精神。養貓的年輕人都在貓身上投射了自己的期待。可是別忘了，一隻貓無論多麼自由不羈，牠都是屬於自己的，這又意味著「自由是可控的」。因此，對於寵物貓的解讀，同樣隱含著自由與限制兩種願望。

對遙遠的事情，我們通常會表現出更多同情，但如果事情到了眼前，往往不見得如此，比如北極熊、南極企鵝、吃不了飯的非洲難民，這些都離我們的生活很遠，值得我們關注並付出愛心。可是，一旦有一個人要進入你的生活，比如有位難民要住進你家，那就另當別論。同情一個遠在天邊的人，同時拒絕一個近在眼前的人，這種矛盾是人之常情。

我們談論的年輕人對自由的嚮往，也有相似之處。我們歌頌自由，可是當要為此付出代價時，我們就要考慮一下了。我們都呼喚自由自在，希望放輕鬆、沒人管，可是真的等到放飛自我、無所依靠時，又感覺沒著沒落，無法承受這份輕鬆。

「我要自由，不受約束」並非假話。但在現實中，人們的實際選擇都會有很大程度的折衷。因此，直接給出的口號不是真實的答案。

電影《大話西遊》裡面有一段著名對白。唐僧對著孫悟空說：「你要是想要的話你就說話麼，你不說我怎麼知道你想要呢，雖然你很有誠意的看著我，可是你還是要跟我說你想要的。你真的想要嗎？」這一段話快把孫悟空給逼瘋了。不過，要是我們問自己：「我到底想不想要？」我們難道就真的知道嗎？我選擇這個，又惦記另外一個。我想要，卻不能完全相信我的選擇——這也是大部分人的狀態。不過，既然人心始終如此矛盾，我們也只好學著與之共存。

當我們說年輕人很勇敢時，這種說法不見得錯。年輕人血氣方剛，有時候衝動行事，看起來很勇敢。但我們也要知道，年輕人有時也很脆弱，甚至懦弱。勇敢還是不勇敢？一言以蔽之的總結，沒有太大意義。

任何人都是矛盾一體。不要妄圖刪除一種願望，或只選擇其中一種，並將理想主義的說法強行合理化。人的行為缺乏確定性，按照一致性原則揣測人的行為不僅偏頗，有時還顯得愚蠢。

察覺人心，我們發現真實不是單純的答案。它本來就是矛盾的，而且因時而異。前一分鐘，我還在感慨我很痛苦，生活一片灰暗、混亂，後一分鐘，一個可愛的人走過來，跟我說了一句親切的話，我又覺得：人生值得，心裡充滿了愛，我愛這個世界。

3 老年人的叛逆

「你爸媽買保健床墊了嗎？」、「你爸媽參加促銷活動上當了嗎？」有一段時間，我和同事每次見面都會聊這些。

子女們在一起吐槽，議論自己的父母年齡大了，越來越笨，老是被騙。不是買了昂貴的高級床墊，就是買了包治百病的物理治療儀器。

事實真是如此嗎？為什麼平時節儉度日的老年人會一擲千金？為什麼明知道可能上當，還要參與行銷活動？老年人一般不會說出原因，我們也無法一概而論。

他們買的是自主力

老年人交往範圍有限，資訊來源單一，不熟悉外界變化。十分老套的騙術，也會令其受騙，以上這些也許是事實，但一些受過良好教育的長輩，不見得缺少基本的判斷力。這些老人並不傻，而且那些銷售人員，也比長輩的子女更懂他們，準確來說，他們更願意懂老人的心思。

老太太說：「來家裡的年輕人特別關心我，叫我叫得可甜呢！」銷售員經常這樣誇人：「阿姨，妳保養得真好，看起來最多五十歲。」、「叔叔，你看你這精神，一看就是以前當主管的。」這麼甜的話，子女說得出來嗎？

老太太反問自己的孩子：「你關心我在想什麼嗎？你認真聽過我說話嗎？」**明知故犯的老人們花錢很任性，因為他們更在乎有人關心**，明知道銷售員想賺自己的錢，也心甘情願。孩子呢？孩子也許會多給一些錢，卻很難長時間跟父母對話。

我們過年回家住幾天，前兩天還是蜜月期，時間一長，雙方都不耐煩，話不投機半句多。對比起來，討他們喜歡的銷售員就好多了。**我們問：「你為什麼上當？」老年人反問：「為什麼我不能花錢買個高興？」**

根據自我決定論（self - determination theory，簡稱SDT）[4]，有三種需求貫穿人的一生——自主（Autonomy）、勝任（Competence）與歸屬（Relatedness）。

自主意味著，我們知道自己是有意志力，可以充分控制自我的真實個體。勝任，代表我們能透過行動，做到一些事情。歸屬的意思是，我們與他人保持聯繫，世界與自己有關。

老年人之所以堅持自己做主，拒絕子女干涉、不想他人插手，是因為他們希望掌控自己的生活。仔細觀察後就會發現，老年人的任性，也許正是他們擔心失去自主、勝任、歸屬所採取的報復性行動。

首先，買東西是老年人訴求自主的體現。退休後的老年人不需要上班，也不必為子女操心。有充足時間，還有一定儲蓄，卻不見得有什麼特長或愛好。有人跟老朋友、街坊鄰居交往，但有人並不喜歡集體活動。

年老之前，「我沒時間」或「一切為了孩子」，諸如此類的藉口還可以讓自己心無旁騖的忙碌下去，一旦沒有藉口可找，又有大把時間難以打發，老年人就要面對人生的寂寞和虛無。**獨立消費、買一些特殊的東西，會讓長輩擁有積極的自我暗示，讓他們更有掌控力和存在感**。

從另一個角度來說，老年人是一群職業消費者。除了花錢，年長人對很多事情都缺乏掌控力。購買這個動作背後，有很多潛臺詞（如我可以的、我獨具慧眼）。花錢消費，也是希望再進入生活洪流中。

其次，老年人在積極維護自己的勝任感。在這個時代，長輩的心理更脆弱。原本他們認為自己會隨著年齡增加而懂得更多，可事實上，他們卻對很多新事物缺乏了解，感到被邊緣化。**他們希望成為獨立的人，卻發現自己對很多事情都無能為力**。例如，即便無法適應智慧型手機的操作方式，很多長輩仍拒絕使用老人機、孝親機（這些老式手機代表過時，使用

4 由心理學教授愛德華．迪西（Edward L. Deci）等人在一九七〇年代提出，是一種有關人類個性與動機的理論。該理論聚焦於個人激發與自我決定。

者也會體認到自己的無能）。

年長者購買最新科技產品的潛臺詞往往是：「我還跟得上潮流」。他們換上最新款手機，參加聚會時將它擺在桌子上，向朋友展示自己的勝任感：「你們看看，我能搞定這些新科技，我可不落伍。」

為什麼父母買東西不跟子女商量？明明多問一句，上網查一查，就能辨識真假。即便上當受騙，也比被訓斥，顯得無能要好。**但對他們來說，詢問子女也是自我無能的表現。老年人最怕被訓斥，因為子女的訓斥往往是在挑戰他們內心的勝任感。**

最後，老年人的行為也包含維繫歸屬的訴求。儘管在「相親相愛一家人」的聊天群組裡，他們總在轉發各種資訊，卻發現兒女在躲避，在訊息中有禮貌的撤退。即便在擁有無限可能的社交平臺上，老年人也發現自己仍然無法穿破隔閡，與年輕一代產生更多聯結。

老年人參與活動、購買商品，也是在嘗試與他人建立關係。比如，我朋友的媽媽經常利用電視購物頻道，購買大量的罐頭食品並分給子女，但子女不僅嫌棄罐頭食品不好，還認為媽媽是在亂花錢。

仔細想想長輩的意圖，他們是想買罐頭嗎？或者說，無論買罐頭食品，還是零食、飲料，都只是一個藉口。他們是想用消費跟子女保持溝通，表達自己的關心，同時也期待獲得同齡人的關注和理解，他們要在朋友群體內、街坊鄰居中獲得身分認同，甚至享受優越感。

你懂老人的叛逆嗎？

為了體現自己的能力與活力，一些長輩在行為上會更加反叛，甚至與年輕時的他們判若兩人。比如，有的長輩不說一聲，就自己坐火車去旅遊；有的老年人參加了粉絲應援團，為喜歡的明星一擲千金，如果子女阻止他們的計畫，他們會更激烈的說：「你管我！」

什麼是叛逆？從心理學來說，叛逆是人們為了維護自尊，對外界的要求採取相反的態度和言行。「當心理逆反被喚起時，個體通常會採取一系列直接或間接的方式，來應對所面臨的威脅，並試圖恢復自身的自由。」[5] 青少年的成長過程中，會經過叛逆期，可這並非青少年特有的問題，老年人的叛逆行為往往更像小孩。當感受到自己有可能被他人控制時，他們就會反抗，看似無理取鬧的舉動，都在表達他們作為獨立個體的訴求。

當我們洞察叛逆行為時，我們看到人們發洩情緒、表達憤怒，也許僅是因為他們需要一個排解情緒的出口，但這個出口絕對不是發洩的真正原因。

洞察老年人的言行（尤其是一些不可理喻的說法、做法，就像調皮搗蛋），**他們的潛臺**

---

5 〈消費者心理逆反研究現狀與展望〉，賀遠瓊、唐漾一、張俊芳著，期刊《外國經濟與管理》，2016, 38（2）：55-56.

詞都是在對外宣布自我的存在——我很重要，並非無足輕重。

當老年人意識到自己正在變老時，自主、勝任、歸屬……這些基本需求正在離他們遠去。「我還沒老呢！」他們這麼想，並在行動上表達不老的訴求。一方面，他們覺得自己還年輕；另一方面，變老的感受如同幽靈一般，徘徊在他們心頭。身體機能下降，也意味著，「有一天我會失去對身體的自控力」。在這種預期下，老年人會更加主動追求自主決策，變本加厲的捍衛自己的行動自由。這如果叫叛逆，也是有助於年長者精神狀態的叛逆。

別老是讓長輩休息

一九七六年，美國心理學家艾倫·南格（Ellen Langer）和茱蒂斯·羅丁（Judith Rodin），在美國康乃狄克州（State of Connecticut）的一所養老院裡做過一次著名的自主控制實驗。實驗將身心情況相似的老年人分為兩組。

第一組，老年人有權決定怎樣布置房間，不用考慮養老院的規定。他們可以自由選擇植物，並自主照料、打理它們；也可以隨意挑選自己喜歡的電影，決定什麼時候觀看。第二組，老年人的生活一切照舊，不用為自己負責，不需要自己打掃、布置房間，不用自己選擇、安排生活事務，一切由工作人員代勞。三個星期後，分別對兩組老年人進行情緒測驗。第一組的明顯比第二組的更快樂、更有活力。在積極參與活動方面，第一組老年人也明顯高於第二組，例如，第一組老年人自己選擇要看的電影和播放時間，參與觀看的人也比第二組多得多。

這個關於老年人生活的實驗，進一步驗證了我們對老年人的洞察。很多長輩一直保持著對最新事物的好奇心，仍願意持續探索新世界。**老年人叛逆，無非是在爭取自己的自主權、選擇權**。在自主活動中，他們才能強化「我能做成事情」以及「我與世界有關」的回饋。

老年人需要怎樣的生活？當然是自主、勝任感，與世界有所聯繫的生活。年輕人也許會說：「你別瞎忙，休息一下吧。」可是，常識告訴我們，人只要活著，就不希望僅是活著，我們需要持續尋求意義。什麼也不幹、不主動做出選擇、沒有人需要自己，我們也就失去了生活的價值。對長者的觀察，有助於我們更好的理解父母。

這也會是一種新商機，隨著社會高齡化發展，有錢有閒、生活自主的老人會越來越多。我們有理由，也有可能基於洞察創造新的產品和服務，讓年長者（包括未來的我們）有盼望、有尊嚴的活下去。

4 親密關係中，情大於理

在工作坊中，我經常讓參與者以「禮物」為主題思考。我們的命題是：如何為你的同伴，重新設計送禮體驗。參與者兩人一組，先透過訪談了解彼此狀況，再根據情況，為對方設計送禮方案給某人（比如伴侶、父母、孩子、朋友等）。

贈送禮物，題目聽起來簡單，但每次做完後，大家都會有很多反思。小小的禮物中，包含了對人際關係的深刻體察，比如，有男生說：「我一想到要送女朋友禮物就頭痛。總要猜，還猜錯，好麻煩……。」另一個男生感嘆：「老婆一直嫌棄我。我做什麼、送什麼，都不行、都不對。她到底在想什麼啊？妳要什麼就說啊，妳不說，我怎麼知道？」

對方需要更值錢、稀奇的禮物嗎？我想未必。那麼，她為什麼不直接講呢？你問：「妳要什麼？」如果對方回答：「什麼都行，隨便。」她並非在撒謊，很多時候，人們都不知道自己究竟想要什麼。

如果隱約的期待被對方猜到，這才是讓人幸福的事。我們對伴侶或親人都期待彼此有一種默契：我們都那麼熟了，即便不明講，你也知道我在想什麼吧。如果對方說：「這個不好，我不要。」他真的不想要嗎？也許對方期盼著你猜中他的意圖。

我們也經常聽父母這樣拒絕：「你不要買，我不喜歡新手機。」嘴上這麼說，但只要拿到新手機，他們就會一邊埋怨，一邊流露出掩飾不住的高興表情。

送禮物，是我們理解並塑造人際關係的表現。好禮物的潛臺詞是，「也許我不知道，但是我願意去觀察你、體會你，我願意揣摩你的心思」。禮物被讚許，是因為送禮者背後的心思。

送什麼東西要費心思，怎麼送還需要費更多心力，就像一句臺詞說的：「一個浪漫的驚喜不在於你做了什麼事，也無關你說了什麼話。重要的是你的心意、重要的是花時間告訴你珍愛的人：『我有在注意你，也有在聆聽你說的話』。」[6]我看見你、我在乎你，這樣最簡單的善意，也展現了熟人、親人交往中最樸素卻真實的期待。

送禮，最重要的是心意

禮物意味著什麼？是傳達心意；送禮物，是人與人之間交流感情的方式，也是平凡生活中的小小儀式。我們希望得到的不是越貴越好的禮物，而是經過精心選擇的物品——不是

6 出自美劇《這就是我們》（*This Is Us*）第二季。

給出標準答案、敷衍了事的禮物。

什麼是好禮物？要有針對性，這意味著禮物無法被標準化。任何標準化的事物，都沒有太大差異。從服裝到電子產品，如今大部分商品都是被標準化製造出來的，錢更是如此。作為一種衡量價值的媒介，錢從來都沒有色彩。

有人說，禮物的本質就是錢，但很快我們都意識到，之所以被稱為禮物，正因為它不能完全換算成錢，換句話說，無法被標準化的禮物，才是最好的。

路邊採來的幾朵小花不值錢，卻也是無價之寶。它不能拿來交易，但其中包含了一種浪漫情調和生活情趣。貼滿老照片的本子，或用飲料瓶蓋做成的紀念徽章，不能被標準化，就算挑選幾塊點心，只要親自將它們包裝起來，並寫幾句話，它們也是非標準化的。

為什麼我們會期待這些非標準化的事物？如果用這些禮物傳遞感情，這份心意就是對收禮者，而不是其他人。什麼是感情？它不只是表面上的講理，傳遞情感的過程也像送禮物——雙方嘗試相互理解，動腦筋、花精力，並超越彼此期待。

有人說：「我老婆說我回家晚，可能是我不夠關心她。如果我信我老婆的話，每天都在家待著，我相信她會更討厭我。」這種分析沒有停留在意思表面，而是觸及對方真實的心思以及預期：老婆吐槽我回家晚，意思是我們缺少交流時間，家裡發生什麼事我都不知道，我的心思也沒放在家裡。因此，要想改善關係，就要懂得她的關切，懂得她為什麼不滿。如果我想超越預期，就不能僅就事論事。

之所以親近，是因為我願意懂你

親近的人之所以親近，不是因為對方接受了我的道理，而是他願意傾聽我的道理，哪怕我在強詞奪理、胡攪蠻纏。因此，如果雙方爭執起來，對方表達不滿，沒必要為此辯論。假如我有理，我就點到為止，而不是非要論出一個孰是孰非。我說了一套大道理，也許是對的，可是仍然無法解決問題。

對方不希望被說服。大多時候，他期待的也許是你理解他的情緒，並共同化解矛盾，否則，道理說通了、一方占了上風，也沒意思。親密關係中，情大於理。這也像非標準化的禮物，我們所表達的真正關切，大於金錢或道理，我們之間的情、共同的默契、欲說還休的態度，都是為雙方奠定理解基礎的關鍵。

談到這裡，我們可以探討一個根本性的問題。兩個人之間，有真正的理解嗎？我們看到一朵花，把它稱為紅花，可是，我們所說的紅，真的是同一種顏色嗎？當我們說這顆糖果很甜、很好吃時，我們嘗到的是同一種味道嗎？當兩個人彼此喜歡，他們情願這是同一種紅、同一種甜，哪怕味道不同，好意總是可以心領的。只要心領了，就不會去辨析是與非。

對戀愛中的人來說，儘管也要面對一些不開心的事，但他們都可以理解成正面的（或者無關緊要的）事實。我們相約去看電影，你遲到了，我願意理解你，如果錯過時間，索性就不看，改成喝杯咖啡，或者去公園散步，只要一起消磨時間就好。我們希望自己被看見、被理解，別忘了，對方也是。你懂我，我懂你，這是一場遊戲。所謂的相互理解，都是願意理解，有感情的人，才更容易願意理解彼此。

如何幫助對方化解不好的情緒？要讓對方知道，我們是同一國的。首先，我要承認這個情緒，而不是用說理否認它。

我們經常聽到：「這算什麼？趕緊走出來吧，會好的！……別哭了……別難過了！」如果面對一個掉進坑裡的人，這種話說不定反而幫倒忙。如果我們占在有道理的制高點說話，會表現出優越感，而充滿優越感的說教，會敗壞一切談話。

在親密關係中，我們必須先承認對方很痛苦，而不是否認。然後換一種談話方式，比如，「對，你說得很有道理」、「我要是遇到這樣的事，肯定比你還崩潰」，再從對方的角度推導和分析。我們必須先行承認真的無能為力，才能推動對方做出一點改變。只有面前的困難是真實存在的，一個人付出的種種努力才有相應的價值。

至於答案，永遠要對方自己得出結論，而不是「更明智的我」越俎代庖。如果一個人改變了主意，不是我們的建議比較高明，而是他心中發生了某種變化。一個建議只是提供對方合適的契機。

人為什麼要傾訴？他需要的也許不是建議，有時說著說著，也許他自己就找到了答案。他開始訴說，就是信任你的表現。從某種程度上來說，**傾訴就像飽含感情的禮物**。我們要好好收下這份禮物，用善意傾聽，並適當回應對方的情緒。如果可以，就一起解決，但沒必要硬碰硬或強拉硬拽，因為問題不見得都能立即得到答案。該怎麼處理暫時無法解決的問題？我們最好留給時間，一起等待變化的發生。

第二章

人生就像一場戲，你演誰——

表演的洞察

在人生舞臺上，我們根據劇情需要，穿好戲服，進入角色，登臺表演。

小時候，我們模仿大人的樣子說話做事；長大後，我們依據社會準則行事。在社群媒體上，我們還會改頭換面，扮演不同角色。在群體中，我們希望有歸屬感，屬於一個有共同價值的共同體。我們想讓自己合乎禮儀，又盤算著怎樣表現出自己的特色，不那麼默默無聞。

哲學家伊曼努爾．康德（Immanuel Kant）說：「我們的心智能力中至少有一種——判斷力——是以『他者的在場』為前提的。」[1]這意味著，即便身邊沒有人，我們也會按照別人的目光規畫自己的動作。我們表現出的一切狀態，與其說是主動呈現的自我，不如說是在他人注目下的舞臺表現。

1 跟別人一樣，比較安全

一些人應該有過「集體闖紅燈」的經驗。一群人橫衝直撞，似乎理直氣壯，我們跟隨人群觸犯規則，卻也心安理得。在人群之中，個體承擔的風險似乎被分散了。

集體闖紅燈的現象，可以被視為一種團體迷思[2]（groupthink）。一旦形成某個團體，其內部就會發展出一種集體性的自信，甚至孕育一種盲目的樂觀。由於團體成員傾向讓自己的觀點與團體一致，所以差異性思考角度越來越少，導致團體失去了客觀判斷，一部分成員即便不贊同團體的決定，也會在團體迷思的影響下順從。

不僅一坨人闖紅燈過馬路，我們出門看到有人排隊，有時還會不自覺跟著排，即便我們不知道在排什麼。我們告訴自己「不要錯過！」誰知道在賣什麼？但至少應該是不錯的東西，否則怎麼可能有那麼多人排隊？

1《康德政治哲學講稿》，漢娜・鄂蘭（Hannah Ardent）著，曹明、蘇婉兒譯，上海人民出版社，二〇一三年。

2 一九七二年，美國心理學家歐文・萊斯特・賈尼斯（Irving Lester Janis）首先用團體迷思一詞，形容團體做出不合理決定的決策過程。

我們的情緒和行為會隨著人群改變。在演唱會現場，我們被熱烈的氣氛感染，下意識扭動身體，忘了平常端莊的自己；或者跟著其他人揮手跺腳，高聲重複幾個詞句。大聲喊叫的激情，都來自群體的力量。

我一個人做不來的事，跟著一群人一起做，就容易得多了。

跟別人一樣，讓我們安心

戲劇家約翰・沃夫岡・馮・歌德（Johann Wolfgang von Goethe）曾評論：「模仿是人的天性，雖然人們不承認自己是模仿。」行為主義心理學的觀點是，人首先是社會性的動物。如此說來，模仿他人、融入群體，是人類重要的本性。

神經科學家發現，人類有一種名為鏡像神經元（mirror neuron）的神經細胞，在模仿及語言學習中起到很大的作用。這種神經元與理解他人的感覺有關，因而在人類文明的發展中扮演重要角色。一個人不僅看見了他人的動作，還透過模仿其外在行動或體驗其內在感受，跟隨著他人。

科技突飛猛進，人類大腦的發育情況，與幾千年前相比卻進步不大。人看似行為自主、自發，卻不見得擅長獨立思考。作為與他人協同、模仿他人的生物，我們仍亦步亦趨的遵循著某些群體規則。

跟我們相處最久的人，對我們的所思所想、一顰一笑影響最大。小時候，我們模仿父母的言行，長大一些後，我們受年齡相近的同輩影響，相似的行為，以及來自他人的肯定，支撐著每個孤獨的個體。**跟別人一樣，讓我們感到安全**。

如果我在同學群組裡說，最近的流行歌都不好聽，一定會得到眾人的呼應。伴隨我們這群人長大的流行歌也就那麼幾首，而近幾年出現的明星，我們連名字都叫不出來，老同學湊在一起，更有可能嘲諷新歌不好、新人不行。擁有相似知識和背景的人，總是聚在一起諷刺另一群人沒文化。一群都市人覺得鄉下人俗氣，鄉下人則認為都市有太多騙子。在國外，亞洲人聚在一起，往往都在討論外國菜不合胃口，外國人根本不會烹調。

《偏見的本質》（*The Nature of Prejudice*）對此總結如下：

在地球上的任何地方，都存在著群體之間互相疏離的情況。人們與自己相似的人交往，以具有同性質的小群體形式住在一起，一起吃喝玩樂。

小群體中的成員相互拜訪，更傾向於崇拜共同的「神明」，這種自然產生的內聚力，很大程度上僅僅是因為這種安排比較便捷。它使人們不必在小群體之外尋求陪伴，因為群體內部已經有很多人可供選擇，為什麼要平白製造麻煩，去適應新的語言、新的飲食習慣、新的文化，或者與不同教育程度的人相處？與背景相似的人打交道顯然更容易。[3]

比起說服人，不如待在熟悉的圈子裡

比起說服不一樣的人，還是跟相似的人在一起比較舒服。在共同的文化和記憶的基礎上，群體內的人相互支持、彼此幫襯，獲得認同感。群體的力量告訴我們，有了其他人的認同，我們談論的話題、做的事情，都是有意義的。

如今，人群更容易聚集並相互影響，團體的聚集效應，更頻繁的展現在網路上，例如，B站[4]彈幕區經常被大量重複發言洗版：awsl（啊，我死了的拼音）、xswl（笑死我了的拼音）、zqsg（真情實感的拼音）、nsdd（你說得對的拼音），我們很難透過這些符號，識別發彈幕者的個體身分，而發彈幕的用戶也不在乎是否發出個體聲音。它只是一群用戶的情緒狂歡。一連串簡寫、符號、感嘆詞，表達了「我參與，我發聲，我也在」，人們更重視參與其中。在人群中，我們不需要被認出來，也不太在意利用感嘆詞表達的具體內容。

社群媒體上，表情包[5]的應用越來越廣泛，與縮寫符號類似，大部分表情包的首要任務並非傳遞資訊，而是表達情緒。在群組裡，表情包是一種情緒語言，用它來聊天，接近於一種無意義的社交遊戲。

無法表達出來的意思，可以靠表情包傳達；說話冷場了，傳個圖片緩解一下尷尬的氣氛；突然被丟工作，傳個表情包壓壓驚；群裡鴉雀無聲，貼個表情包引發一系列鬥圖[6]行為，讓群組的社恐人活躍起來。表情包卡通化的表達方式，既傳遞了資訊，但沒有明確的內容。誇張的符號容易發出，表達的情緒也隨之被放大數倍，熱熱鬧鬧、誇張表達、聲勢浩大，也體現了發言者的群體屬性。

新一代的年輕用戶，不甘於使用從前的語言，而是使用縮寫或圖形。曾經還有一群人使用火星文。但無論火星文、縮寫還是其他符號，都是年輕使用者群體對彼此溝通的重新建構。他們不斷發明新規則，也在宣告：我們是全新的一群人，我們跟以前的人不一樣。

殺馬特群體[7]，也在用一套特殊的形象語言來自我表達。殺馬特以反重力的爆炸頭、蓋住眼睛的瀏海等誇張造型，以及花俏、鮮豔的服飾，表達他們與眾不同的群體個性。

使用這套形象語言的人，有最初的二次元（動畫、漫畫、遊戲）文化愛好者、視覺搖滾文化的追隨者，還有發展到後來，來自城鄉結合部[8]的打工青年。殺馬特誇張的造型特徵，是一套惹人注目的身體語言，他們向外界表達叛逆，同時在群體內尋求認同。

---

3 《偏見的本質》，高爾頓．威拉德．奧爾波特（Gordon Willard Allport）著，郭曉燕譯，一起來出版，二〇二三年。
4 bilibili，為中國彈幕影片分享網站。
5 通常以時下流行的名人、語錄、漫畫、影視截圖等為素材，配上一系列文字，用以表達特定的情感。
6 指在社群媒體上透過圖片聊天的方式。
7 二〇〇〇年代出現在中國的一種次文化。
8 是一九八〇年代中期，中國高速城鎮化的背景下提出的概念。狹義上指都市建成區（指城市中的城市化區域）輪廓線內外一定寬度的環狀地帶，廣義上可以指整個近郊區。

比如，我們能明顯看到殺馬特打工者的願望：即便我的身體需要服從工廠的規則，但至少身體的一部分，像是我的頭髮，正在表達自己的獨特性。在人群中，一些年輕人利用頭髮的語言彼此確認、相互對話。他們對於自由有同樣的見解，靠頭髮的自由，實現審美的自由，進而開拓自我表達的自由。

哲學家路德維希・維根斯坦（Ludwig Wittgenstein）曾言：「理解一種語言，就是理解一種生活方式。」皮耶・布赫迪厄（Pierre Bourdieu）說：「理解一種趣味，就是理解一種生活方式，理解一種社會位置。」

一群人透過一個讓人發笑的哏對話，或者把頭髮燙成誇張的造型，或是用相似的造句方式參與網路討論。他們相互追隨的本意不只是戲謔，還要建立一種群體化的文化趣味。詞語和形象不追求永恆，舊的被淘汰，又有新的湧現，更新迭代十分迅速，它們的價值，只是呈現不同的群體主張。時代的變遷必然催生新的文化形式，衝擊之前的穩定結構，年輕人急於發明新的形式，擺脫舊的慣例。

人們使用新詞、新圖、新符號尋找新的象徵，也在尋求新的認同和新的我們。新的語言或風格，是一套獨特的話語體系，也是一種特別的情感表述方式。最好只有我們懂，而他們——圈外人——都不懂。透過一種語言或相似的話題，我們尋找同伴、討好他人、確立自己的身分。我們加入群體，就是投入一個陣營，當自己的生活乏善可陳時，就需要寄情於一個群體，讓我們不再那麼孤單。

在人群中，我們一起捍衛一種價值，並分享優越感。一種想法，只要支持它的人夠多，可能就會顯得正確。在旗幟鮮明的價值標籤下，人們更傾向於選邊站，加入一邊，反對另一邊，意見分化的現象越來越普遍，**我們都在某個群體中尋找認同感和安全感，但共同的東西多了，也容易在相似的觀點中喪失自己的判斷力**。

當我們用一種語言捍衛一種立場時，洞察人群，可以幫助我們隨時提醒自己：我的思想和情緒有多少來自自己，又有多少來自想像中的共同體？

我們理直氣壯的看法、衝動的行為，是獨立思考而來的，還是群體思維的延伸？我們是否淪為應聲蟲，或跟隨大流行的模仿者？我們的自豪感有充分的理由嗎？或者，我們只是在重複的表達中釋放情緒，在人群中追求一種盲目且有歸屬感的幻覺？

2 看似隨意，其實暗藏心機

在社群媒體上，每個人都有頭貼。你選了什麼圖片當頭貼？是自拍照、家庭合照，還是寵物、偶像、卡通或風景照？

頭貼，與其說描繪了一個人的現實狀況，不如說呈現了他的願景。用自己童年時的照片，也許意味著眷戀一段舊時光；選擇某位明星的照片，可能是明星身上的一些特質，是使用者的自我期許；選擇卡通圖片，或許是希望自己是可愛而好相處的人吧！選擇自然風光的圖片，雪山、大海、溪流……純粹的景觀意味著自由、開闊、平淡……這類人可能想強調隨遇而安的生活觀念。社群媒體上的頭像，是我們自選的化身，也是數位時代的面具。

我們也許以為可以透過虛擬人設，推斷他人的性格。我們可以猜，這個人想要展現怎樣的性格特徵？不過，這都無法代表全部，面具之下，都藏著其他東西。

所有不經意的貼文，都是精心挑選

不難發現，不僅性格外向的人會選擇色彩豐富的頭像，做事嚴謹的人也有可能選擇色調明亮的圖片。性格嚴謹、一絲不苟的人，也許希望透露自己積極的一面；而那些性格幽默的人，反而有可能隱藏自己滑稽的表情。即便網名叫做風輕雲淡，他也有可能做不到，甚至個性大大相反。不過，風輕雲淡的取名仍然是一種自我祝願。

再翻一翻社群媒體吧，看一看朋友發了什麼動態，想一想這些動態又意味著什麼？人們分享的動態，大都是我吃了什麼好吃的、喝了什麼好酒、去過什麼好地方。選擇分享這些場景，一定是因為它們很特別。旅行生活值得分享，因為旅行意味著離開平常的生活軌道；分享吃或喝，也是因為這些飯菜，代表一段又一段不同於日常的特殊時光。如此說來，朋友圈的動態是經過篩選與評估的，很少有人會分享自己未經打磨的平庸狀態。

社群媒體的細節裡充滿各種小心機。當我拍照展現整潔的書桌一角時，我有意讓鏡頭避開髒亂的角落；有人晒出一瓶限量版的健康飲料，或者秀一下排很久才買到的手搖飲，儘管拍完照後，他就扔掉了飲料，或只喝了兩口。

在社群媒體晒出自己最愛的電影時，除了表達喜愛，不可避免的還會考慮到電影的自我表現作用：我是要講評最新的流行電影，還是選擇小眾冷門影片訴說心得？什麼樣的影片能代表我？我要盡量避開跟別人相似的選擇，還要注意不能太誇張，避免變成怪胎。

社群媒體的影像，呈現了生活中的精彩場面。我們選出的一些物品、電影、音樂，**看似隨意的發布內容，實則是被精心挑選出來的代言物**。被留在時間線上的圖片、文字，不僅是受我們喜愛，更有可能是能代表我出場的、有意味的展示臺。

什麼是真實？真實，並非對應一個恆定不變的標準。「真實的自己」，也可以理解成一種自我願景的展示風格，就好比很多男人一直不懂裸妝的意義。裸妝並非不化妝，而是一種看起來沒有痕跡的上妝方式。化裸妝的臉雖經過精心修飾，看起來卻自然清淡，是一種偽素顏。此妝容看起來不刻意，卻也需要花費大量時間，它並沒有去掉臉上的面具，僅是把油粉厚重的面具，換成另一種看起來輕鬆的風格。

同樣道理，自拍照看起來隨意，卻絕不簡單。自拍照是我們生成的一個替身，用來代替自己站在前臺表演，它就是透過一系列複雜流程所產出的另一個自己。

我們精心搭配服飾，選擇商場、咖啡店、展覽館等特別的背景，取好拍攝角度，定格滿意的表情，挑選濾鏡和特效，還要重點修飾照片：修改臉型、增白增亮、增大眼睛、調尖下巴、調整視覺效果……完成一系列自我塑造後，我們才放心宣布：這才是我。發布照片時，發布者還要強調「隨手拍了兩張照片」，以此掩蓋修圖的小心機。

我們對自己的樣子擁有掌控權。發出來的自拍照，哪怕聲稱它是紀錄，也絕非僅是紀錄，**自拍照是為了自我表現而存在的**。選擇什麼時間、地點，發哪張圖，以怎樣的分享方式，都是在思考如何完成一種理想化的自我敘述。

社群媒體是個舞臺，我們需要洞察每天活躍在舞臺上的戲精。數位化的螢幕好比一面鏡子，在鏡子面前，我們的行為舉止，包括面部表情和肢體語言，都容易表達過度。為了效果更好的照片，我們早就擁有了被鏡頭充分訓練過的表情，一旦面對鏡頭，我們立刻就能進入設定好的表演狀態。

每個人的日常表達都不僅限於我是誰，還包含強烈的動機——我要、我願、我能。除了展示自拍照，我們還會分享跑步里程數、減肥健身效果、打卡背單字的進度等，儘管形式不同，但都有相似的演示目的，我們在努力追求提升自我績效，讓今天比昨天更好。

現在是一個功績社會

在被按讚數驅動的數位世界中，我們自我展示的主要驅動力，就是獲得更多按讚數。「如今，只有當事物被展示出來並得到關注時，才擁有了價值。」[9]

在社交平臺上，我們都想展現獨特的一面。足夠稀缺的內容，才能引人關注，被更多人看到，並獲得讚。每次發布貼文後，我們都要多次查看，隨時數一數新增了多少個愛心。

我發的東西，難道沒人喜歡、沒人評論嗎？是我的措辭不夠優美，還是圖片不夠有魅力？朋友們不再關注、喜歡我了嗎？這麼一想，我還要努力發點其他內容，找到更合適的朋友來捧場，烘托我的存在。

9《倦怠社會》，韓炳哲著，莊雅慈、管中琪譯，大塊文化，二〇一五年。

有一次，我發現我爸坐在沙發上搖手機，我一問才知道，他這樣努力搖，只是為了增加一些步數，在朋友群組的步數排行榜上有更好的表現，避免倒數。搖到後來，他自己都覺得荒誕，幸虧我當時就幫他關閉比賽功能，不然，不知道他何時才能終止這個奇怪的比賽。

哲學家韓炳哲提醒我們，二十一世紀的社會不再是規訓社會，而是功績社會。在功績社會中，每個人不再是被動的馴化主體，而是主動的功績主體。所謂功績主體，就是我們經常告訴自己「我能做到」，為了看起來越來越好，不斷鼓勵自己加把勁，做出更多成績。

「在社群媒體中，朋友承擔的主要功能在於，提升個體的自戀式自我感受，他們構成了一群鼓掌喝彩的觀眾，為自我提供關注，而自我則如同商品一樣展示自身。」**我們積極進取，並非要給別人看。在虛擬世界中，我們用他人的眼睛作為鏡子，在鏡子前努力表演，最終看到的只是自己。**

就像我們前面談到的頭貼、網名或自拍照，這些都不見得是給他人看的，這些資訊只是以展示的方式給自己看，用來關照自我，人們想用自戀，滿足自我的情感需求，把這齣戲演下去。只不過，為了提升效果，我們不斷提高表演的精彩程度，透過他人按讚贏來的情緒回饋卻變得十分脆弱。我們好不容易得來的信心，很容易在表演停下來的片刻間就失去。

聚會易散，煙花易冷。熱鬧之後，悲哀的人到處都有。如果你還沒發現，就打開社群媒體看看。凡是三天兩頭強調自己很快樂的人，可能都有特殊隱憂，不然也不會三番五次的說自己快樂。

沒有什麼，反而就要說有什麼，還要格外強調一下。這就好比，從前一些窮人上街也要在嘴巴上塗一層油，表示自己家的日子過得不錯。不過，強調存在感這種事，最好適可而止，因為沒有多少人在意我們長相如何，或是否與眾不同。

過度表演容易讓自己顯得可笑。再說，那些我們自以為獨特的東西，仔細看看，也只是商業社會中每個人大同小異的範本而已。

3 人穿衣服，還是衣服穿人

有一次，我的一位老闆朋友開車，我坐在副駕駛座，我注意到他手腕上金光閃閃的名錶。我誇手錶好看，他點點頭，我們又聊了點別的。下車時，他把手錶摘下來，表示要送給我，他說：「別客氣，這是假貨，很便宜的，拿去玩玩。」

後來，我們見面，又討論了這個話題，他對我說：「人過了一個階段，戴什麼都無所謂。關鍵看你穿戴得像不像……。」有人花了大錢，卻穿什麼都像穿假貨；也有人怎麼穿都像穿真品。

如果將這個話題繼續聊下去，就會觸及一個洞察：有時候，人穿衣服；還有時候，是衣服穿人。這句話的意思是，**如果一個人能駕馭衣服，那麼衣服就是人的延伸；如果駕馭不了，人就成了衣服的附屬品**。如此一來，有人隨便搭配的一些便宜貨，也像私人訂製的高級貨。有人渾身上下都是奢侈品，但看起來反而顯得可笑。可是，我告訴其他人這樣的發現，卻難以得到奢侈品愛好者的贊同。

我認識一個白領上班族，她省吃儉用存了一些錢。等存夠了，她精心打扮，揹上之前買的高仿包包，到了精品店，買下了一模一樣的真品。她在店員面前清空自己舊包包裡的東西，換上真品離開，並請店員當場幫她把高仿貨扔掉。全程走下來，她感到十分愉快。奢侈品店就是她的舞臺，他人的目光就是燈光。這個女生就像登上舞臺完成表演，店員們見證了這個重要的時刻，這是屬於她自己的儀式，是見證她成功的里程碑。

「何苦呢？」我跟她聊，她回答：「你不懂。」不過，後來我也逐漸理解她的意思。一件真貨，不僅是給別人看的，更是給自己看的。高仿換真貨，當然是給在行的朋友看；而當場扔掉高仿品，也在暗示自己：穿戴一些好的，給努力的自己一個交代。

我們辛苦加班，買一些昂貴的衣服，讓自己看起來更好。我們閃亮登場，不同以往，我們不是一般人，我們要做更好的自己。我們追求卓越，讓自己越來越好。我們的消費生活充滿類似的荒誕，我們努力生活的狀態，要用浮誇的方式表現出來。社會學家羅蘭．巴特（Roland Barthes）說：「流行的神話，在玩弄著社會價值與人們的記憶。」[10]如何玩弄？我們經常見到月薪一萬元[11]的時尚編輯，組織圖文素材為月薪五千元的人，介紹億萬富豪的時尚生活。如果多數人習慣了這種慣例，消費文化就是一套由深入淺的表演指南，人們要用認真的態度置辦行頭、粉墨登場，讓自己真正相信自己必須按照規矩穿戴，避免不合時宜的

10《流行體系》，羅蘭．巴特，敖軍譯，上海人民出版社，二〇一六年。

11本書若無特別標示，皆為人民幣，全書人民幣兌新臺幣之匯率，皆以臺灣銀行在二〇二三年十二月公告之均價四．四三三元為準，約新臺幣四萬四千兩百八十七元。

尷尬。

可是，我們上臺表演所遵循的最基本標準，是看起來像。演員史坦尼斯拉夫斯基（Konstantin Stanislavski）對演員的表演狀態，有一句經典的講評：「我看不像！」他告訴演員，不要過分依賴衣服、造型。靠得住的表演，需要由內至外進入角色，在表演角色時，主要在於提升表演的心理可信度。

這個經驗在日常生活中也適用。某些人穿上奢侈的衣服，反而顯得寒酸。只不過，人們不見得有強大的心，只好依靠容易識別的表面附加物進行修飾、烘托。況且，在現今，注重外在表現的文化不可忽視。在普遍視覺化的世界中，很多東西都需要表露出來。

我穿什麼，代表我是誰

人為什麼穿衣服？除了保暖、遮擋身體，還有適應文化的需要。

穿衣戴帽，有一套文化規則。哲學家馬歇爾．麥克魯漢（Herbert Marshall McLuhan）歸納：「衣服是一種社會皮膚、文化皮膚，可以界定自我，也可以穿和脫。」對於該穿什麼衣服，一種考慮是：穿什麼才適合？同時，我們也在惦記：我穿什麼，才能顯得跟別人不太一樣？從中我們可以洞察矛盾：**在穿衣服、選配飾時，人們既要合乎規則，又想表達個性**。

我朋友的孩子上國中，學校規定必須穿校服，即便學生不願意，也只能按照規章執行。學校的意圖很好理解：服裝標準化，有利於形成集體意識；避免攀比，抑制學生的虛榮心，讓大家專心學習。可是，學生不可能都乖乖聽話。遵守規定是一回事，很多人仍然會動腦筋，讓自己顯得有些不同。比如，他們會花心思挑選一雙與眾不同的鞋。於是，鞋子成了學生比較的重點。

後來，學校乾脆規定只能穿黑色鞋子，甚至要求鞋底都必須是黑色，但是總有學校管不到的地方，比如，制服內的襯衫、書包上的吊飾……許多位置都有可能添置一些個性物件、圖案，用來展示自我，讓自己看起來與眾不同。

你穿什麼，你就是誰。不僅孩子這麼想，我們每天也都在穿衣服這件事情上耗費心神。反過來，觀察他人穿衣風格，也能察覺一個人的心機和個性。

如果一個人選衣服中規中矩，他的意思是「我很守規矩」，他不喜歡被其他人注意，最好「把我放到人群裡找不到我」。有一些人的服裝策略，介於守規則與展露個性之間。他們只是在細節上打破預期的著裝規範。比如，多數人打黑、藍領帶，一個人打一條有花紋的紅領帶，便會顯得出眾。再比如，穿西裝配白球鞋，也打破了既定框架。在一群商務人士中，只要場合得當，選擇這種搭配的人往往顯得自信而有趣，並不過分。

那些主動穿著奇裝異服的人呢？他們唯恐大家看不出來，這些人的潛臺詞就是：「快來看啊！我跟你們不一樣！」還有一些人，選擇回歸更不起眼的狀態。比如，賈伯斯（Steve Jobs）出席發布會時的著名打扮——黑色高領毛衣配牛仔褲、運動鞋。他不希望衣服喧賓奪主，然而這種樸素搭配，不僅成了他的個人標誌，也成了科技圈精英爭相模仿的流行樣式。

我認識一位權威人士，他只穿灰色T恤。打開他的衣櫥一看，掛了一排一模一樣的衣服。他的道理是：不希望每天煩惱要穿什麼。簡單樸素，也是一種策略。他說：「想把心思用在其他地方。」

一件不舒服的正裝，是用來約束自我言行

衣著影響我們的思考和行為方式。法國評論家貝多萬（Jean-Louis Bédouin）在《面具的民俗學》（*Les masques*）中說：「穿衣與化妝是在嘗試加工改造人的形象，以修正自身。透過改變外在，進而改造內在，以突破自我極限的欲望，時刻不停的刺激著我們。」

曾經有一個實驗，參與者分別穿休閒服裝和正式服裝。穿著正裝的人，在任務中表現得較好，在創造性、組織性任務方面更突出。在另一項有關談判著裝的實驗中，與穿休閒裝的參與者相比，穿西裝的人在談判中的表現更好。**一位老紳士告訴我，他會選擇穿讓自己不舒服的正裝，藉以約束自己的言行，讓自己始終保持體面，言辭得體**。而一些創業公司鼓勵高層管理人員穿牛仔褲，它不僅意味著開拓和野性，而且比起西裝，牛仔褲讓管理者行動起來更放得開、敏捷。

居家開會可能讓你打不起精神。我的建議是，即使不用打開鏡頭，你也應該穿戴整齊，這樣更容易進入工作狀態。

我們想方設法裝扮自己，真實顧慮是希望跟別人不太一樣，但又不能太不一樣。人群中，跟別人一樣有些乏味，而看起來太不一樣，又有些危險。人們換衣服、裝飾身體、化妝，都好像戴上面具，這些行為可以形成保護色，讓自己更隱蔽；也可能讓自己綻放，變得更顯眼。

在生活的舞臺上、與他人的關係中，衣服是我們的角色密碼，也是一種規範。我們透過外在的約束，管理行為和生活狀態。

觀察人們的穿衣打扮，我們可以得到很多收穫。這個人怎麼看待自己？他想要別人怎麼看待他？從某種角度來說，**他自覺或不自覺選擇的視覺形象，比他的言辭更真實**。

4 一切帶有「應該」的造句

我們如何解釋人們的行為？今天這樣，明天那樣。同樣的人，會在不同情境下做出完全不同的選擇。

社會學家厄文．高夫曼（Erving Goffman）用表演的洞察解釋社會生活。他認為：「人生就是一齣戲，社會是一個大舞臺，所有人作為表演者，都渴望自己塑造出的形象，能被觀眾接受，所以每個人都在社會的舞臺上竭力表演。」[12]

透過留心觀察，我捕捉到自己在生活中有以下表演細節。我跟主管說話時的態度，與跟服務生說話時有所不同。即便同樣是買東西，我在菜市場跟菜販寒暄、討價還價的語氣，與在高級商場跟銷售人員說話的態度也不一樣。

當面對有權有勢的人物時，我會不由自主的點頭哈腰、態度恭敬；在學生面前，當我回答不出問題時，我也會不自覺的掩飾自己的窘態；在老朋友面前，我會盡量讓自己顯得不太寒酸。我會抓住時機，改變話題，藉此透露一些優越感。

透過對不同對手戲的表演反思，我更了解自己的性識[13]無定。我沒有特別的天性：我不是天生的部屬，也不是天生的顧客，但我一直根據不同場合，依據不同人和事，主動調整自己的言行。

我注意到自己在扮演一個社會角色，而表演規則取決於生活中的場景，以及相應的人物關係。如果沒有舞臺、規則、對手戲，我講的臺詞就沒有意義。離開了生活舞臺，我也無法判斷自己的演出是否適切。

當我見到外國人時，我會強調自己身為中國人的特徵，因為不想被誤認成日本人或韓國人。前往中國南方旅行，我的角色則是北方人。如果我的口音少一些東北味，大家會以為我的家鄉是北京。不過，我也沒必要進一步解釋。

作為哈爾濱人，當我見到瀋陽人時，我們會親切的互稱「東北老鄉」。當我們談到一些話題，比如各自城市的特色燒烤時，我們會分辨一下彼此的調味料（哈爾濱的燒烤會撒一些糖）。如果遇到了另一個哈爾濱人，我會強調自己來自某個街區，或者談一談我讀過的高中。我的身分時刻在變化。

我注意到，很多人一見到兩、三歲的小孩，講話立刻變得嗲聲嗲氣。他們會拖長，用疊詞（吃飯飯、開燈燈），好像只有這種誇張的風格，才適合面對幼兒，這樣才能體現親切

12 《日常生活中的自我呈現》（*The Presentation of Self in Everyday Life*），厄文．高夫曼著，黃煜文譯，商周出版，二〇二三年。

13 佛學用語，指一般大眾的心。

與關懷。

孩子長大了，一些父母對孩子的說話方式，又從極度親切風，走向另一個極端：板起臉厲聲呵斥。父母強調，這樣做是為了孩子好。大家認為父母要有父母的樣子，嚴格要求理應如此。

如果是「我」說話，而不是扮演父母角色的話，我們還會這樣要求孩子嗎？我們是否真的在意孩子真正的想法？或者只是遵循角色法則，試圖控制孩子，隨時對他們施加影響？說到底，板著臉的父母應該反思一下：這是「我」說話，還是我在扮演更像父母的角色？我在關心孩子，還是想讓自己更像在關心他們？

演過頭，反而被角色控制

任何表演都需要得到觀眾認可。人們做出行動，同樣期待得到他人的回應，也許期待的是肯定、讚許，也許是某種對抗（我們也會故意惹人不高興，比如孩子為了引起注意，做出種種挑釁舉動）。

我有個朋友的孩子都十歲了，說話語調還像個幼兒。我告訴他：「這孩子有可能害怕長大，她在用這種語氣討好你們。如果她知道用這種語氣跟父母說話，自己的要求更容易得到滿足，她就會一直用下去。」

每個人都會在成長過程中自我調節。面對不同的人，我們會認可或屈從於不同的關係。我們總在考慮，如何更恰當？怎樣更正常？女人應該怎樣，男人應該如何，孩子、年輕人、老年人……各式各樣的人都有一套標準角色設定的範本。一切帶有「應該」的造句，都包含種種價值判斷。

雖然沒有明文規定的演員手冊，我們卻無時無刻不在「應該」的指導下思考、行動。任何表現，都要適合舞臺、符合規則、被他人認可，即便他人的關注，只存在於想像中。演戲一旦演過頭，讓角色大於人，我們就有可能被控制。我們自動進入角色狀態，很少主動退出來看一看、想一想，如此一來，我們總是被自己說出的話、做出的事情牽制，不斷為角色的立場辯解，試著自圓其說。

按照行為主義心理學的說法，我們往往先有了行為，做出了選擇，然後才開始理解自己的行為，闡釋行為的合理性。換句話說，我們演得越多，表演就越合理。這種狀態，就成了保護自己，不被人質疑的安全外殼。可是，我們仍可以洞察到我們的本性並非如此。環境設定了規則，什麼可以做，什麼不能做，人們很容易察覺到其中的細微差異，並做出判斷後行動。

人心不定，意味著很容易心隨境轉。一個人的生活井井有條，他乖巧順從、追求規範，但並非天生如此，只不過是受到環境限制。一旦有可能打破限制，這個人壓抑的情感往往會突破自我審查，表現得不同於往常。我認識的好學生都有放鬆自我的期待。也許，大家在臺前站久了，都想離開一下，卸妝休息吧！

從被動配合環境，到主動轉換舞臺

對表演的洞察，也從另一個角度，提示我們改變自我和他人的可能：既然環境規則影響行動，那麼我們也有機會透過改變場景和規則，設置舞臺背景，轉換我們的表演邏輯。

在狂歡節舞臺上，大家都有機會表現出怪異、癲狂的一面，這並不證明大家失去理性。在特別的日子裡，我們大吃大喝、晚睡晚起，平時要求嚴格的家長不會指責我們，所有人都相信自己可以放鬆，甚至放縱。

結婚、畢業、紀念日……每個特別的日子都透過設定規則，推動參與者做出異於尋常的舉動，引發他們強烈的感情。《工作需要儀式感》一書中提到：「心理學家發現，儀式之所以具有強大力量，是因為它們能將人們的身體、心理及情緒連接在一起，而這一切都離不開『規則』。」[14]

過生日時，我們可以藉機放鬆、玩樂，還可以利用這個特殊的場景，給自己一些暗示，開啟一些新的變化。比如，吹滅蛋糕上的蠟燭前，把幾個目標重複講一遍，讓家人和朋友共同見證。生日許願的神聖儀式，既能帶給我們目標，也能賦予我們使命感。在特別的舞臺光環之下所說出的願望，一定是一種強大的自我暗示，我們會認為：這是我必須做到的事情。

《小王子》（*Le Petit Prince*）中的狐狸曾說：「它（儀式）就是使某一天與其他日子不同，使某一時刻與其他時刻不同。」我們設定舞臺、燈光，藉由改變環境，調整自己的行為規則。轉換舞臺，提供了改變契機；而特別舞臺上的表演，幫我們做出嘗試。在有儀式感的時刻，浪漫的臺詞不再肉麻，當氣氛到位時，我們空洞的心也會被新的意義重新填滿。

14 《工作需要儀式感》（*Rituals for Work*），赫斯特・歐森（Kursat Ozenc）、瑪格麗特・哈根（Margaret Hagan）著，李心怡譯，人民郵電出版社，二〇二〇年。

第三章

自我的洞察

如果錢不是問題，你想做什麼——

自我洞察，讓我們有意識感知當下的情緒、感覺，知道自己的需求，明白自己的局限，意識到自我欺騙，也讓我們看到了自我塑造的可能性。

只要我們的願景清晰，持續靠「認知—行動」模式獲得正面回饋，我們的心智就有可能發生變化。

1 今天，你又騙自己了嗎

我和朋友聊減肥，他說：「都說吃代餐[1]可以減肥，我看未必，我吃了那麼久，為什麼沒成功？」聊了半天我才知道，我的朋友除了吃代餐，還吃白飯和麵食，所以，他的減肥代餐成了額外加餐。

我也減肥，而且我發現減肥最大的敵人是自我欺騙。我運動了十分鐘，流了一些汗，就以為完成了一件了不起的大事。鍛鍊過後，我決定犒勞一下自己，多吃兩塊蛋糕，於是今天白練了。如果流了汗，就會有一種錯覺，以為贅肉也跟著汗流走了。依據這類欺騙原理，有人發明了震動機，決心減肥的人，幻想著只要身上的肉動，多餘的脂肪就會自行蒸發。

我喜歡咖啡，也想過咖啡對減肥有幫助。咖啡的苦味，為我提供了一種積極的心理暗示：咖啡的苦有助於溶解贅肉。咖啡真能減肥嗎？哪有可能！更何況，很多人喝咖啡還要額外加奶精和糖，體重不減反增。

1 透過熱量較低的餐點取代正餐。

吃不到葡萄，就說葡萄酸

我又騙了自己嗎？一貫狡猾的自我，會找出各種理由讓我吃更多，動更少。我總想查詢吃什麼才能減肥。停下來反省一下吧，難道不該多關心不吃什麼才能瘦嗎？

根據社會心理學家利昂．費斯廷格（Leon Festinger）提出的認知失調理論（Cognitive Dissonance）[2]，為了緩解認知失調的壓力與不適，人會努力更改矛盾的認知，使之與自己的認知協調一致。如果吃不到葡萄，有人會說「葡萄是酸的」，或說「我不喜歡吃葡萄」，這都是自我欺騙。

比如，一個人正在減肥，但他很想吃蛋糕。想用自我欺騙來調和失調的認知，有以下方法，第一，調整認知標準：我沒有吃很多啊；第二，減少矛盾，增加積極的解釋：蛋糕很有營養；第三，降低矛盾的重要性：人生苦短，我其實並不在意超重……；第四，否定矛盾認知的關聯性：沒有可靠的實驗可以證明，吃這塊小蛋糕會導致肥胖；第五，放棄自我控制，推卸責任：是我朋友強迫我吃的，拒絕那塊蛋糕，等同於侮辱我朋友的廚藝；第六，修改自己的想法與態度：我想通了，我不需要，也不想減肥了。

每天有太多資訊讓我們焦慮。情緒、想法、信念、價值觀、外在環境……這些都有可能與我們的選擇相抵觸。我們在情緒上抵觸某件事，理性上卻覺得應該做。我們深信的價值觀，與做的事之間往往存在巨大矛盾，**為了撫平認知上的皺褶，讓日子好好過下去，我們自**

動開啟了一種解釋機制，讓自己的想法和行為更理所當然。這類合理化的「自我安慰法」隨處可見。

一個人懼怕社交，卻將自己的不情願社交，解釋成一種道理，比如，「我不做無用的社交」、「我不需要」；一個人懶得做事，或者不願付出，卻將其解釋成「這件事沒必要做」，或者「做那麼多也是徒勞」。就連沉迷遊戲，也可以說成「我靠玩遊戲提高智力和反應速度」，或是「我對自己的愛好非常執著」。為了繼續抽菸，人們還會找到一些例外當論據，比如「誰說抽菸就只有壞處？抽菸也有活得久的」。

人們的真實意圖，往往隱藏在冠冕堂皇的藉口之下。我們重點強調的，都是下意識挑選過的。為了維護一個虛榮、完整的自我，我們往往使用狡猾的認知技巧，省略其他的影響因素。當我們談論一些大道理時，自我洞察隨時警醒我們「愛自己，做自己」，這類想法也許只是虛妄的藉口。

為此，哲學家埃里希·佛洛姆（Erich Fromm）提示我們：

---

2 《認知失調理論》（*A Theory of Cognitive Dissonance*），利昂·費斯廷格著，鄭全全譯，浙江教育出版社，一九九九年。

> 當我們相信愛和忠誠時，我們要意識到自己的依賴性；當我們相信自己善良和樂於助人時，我們要意識到自己的虛榮心（自戀）；……當我們相信自己很審慎和現實時，我們要意識到自己同時有懦夫的一面；當認為我們的行為非常謙卑時，我們要意識到自己傲慢的一面；當我們認為只是出於不希望傷害任何人的心態時，我們要知道自己害怕自由；當我們認為自己不願意言行粗魯時，我們要意識到自己是言不由衷；當我們相信我們非常客觀時，我們要意識到自己可能是奸詐的。[3]

有人強調生活艱難，認為人生已經如此難過，有些事情就不要拆穿，但事實上，**揭示自我欺騙，可以幫助我們對自己做出合理評估，避免犯低級錯誤**。就像比起腿腳不好的老年人，自以為腿腳好的長輩更容易跌倒、受傷，為什麼？因為他的自我認知還停留在年輕時代，自以為身體狀況良好，其實不然。為了讓自己的行動更符合自己還年輕的形象，就會低估風險，不注意腳下，結果更容易摔倒；而腿腳不好的年長者清楚摔倒的風險，反而謹小慎微。自我認識，幫助他們認清了得意忘形的風險。再比如，不會游泳的人，很少在沒有保護的情況下，輕易進入深水區，也就很少溺水。自以為游泳技術了得、過於自信的游泳者，更容易逞強，並低估水下風險，因此遇險。

不服老的老年人，或者去複雜水域的游泳者，都是有勇氣的人，但也會因太有勇氣，而情緒化的去挑戰一些力所不能及的事情。我可以做到嗎？我能力的邊界在哪裡？這樣的追問都涉及自我意識。一心一意走路的人不容易跌倒。不過，一心一意，這個要求看似簡單，卻難以做到。

自我欺騙會讓我們罔顧事實，選擇有利的證據為自己辯護，導致決策失誤後無法及時補救。像在考慮購買一件裝飾品、挑選一檔股票，或者選購一輛車之前，我們會蒐集資料，反覆權衡比較各個方案。可是買完後，我們就只能看到所購買物品的好處，排斥風險資訊，甚至用近乎荒誕的方式，捍衛我們的選擇有多麼正確。比如，我買了某檔基金，不願相信它會跌，當它真的下跌時，我也會跳過盈虧統計頁面，故意不去看基金的最新淨值。

在股票下跌的過程中，能及時停損的人很少。大部分人明知道不行，還是會抱有幻想，他們堅持喊：「不要慌，這是調整！」他們認為自己手裡的就是最好的，被套牢也不放手。就像賭場裡輸錢的人，明知道接下來會有更多損失，卻欺騙自己有機會翻盤，於是繼續參與賭局，持續欺騙自我。

同樣道理，如果在下雨天，我等了公車半小時，而且錯過三輛計程車，我願意騙自己說公車馬上就來，然後繼續等下去。如果我和一個人談戀愛談了兩年，這期間雙方吵架無數，彼此都不太滿意，卻不捨得放棄，我會勸自己，跟別人談戀愛也差不多，反正大家都一

3《存在的藝術》（*The Art of Being*），埃里希・佛洛姆著，汪雁譯，上海譯文出版社，二〇一八年。

樣，結婚之後就好了。我們學某個專業，學得越久，改行的可能性就越小，哪怕待在一個經營狀況越來越差的公司裡，我們也會安慰自己，等待神奇的轉機從天而降。

這樣的例子不勝枚舉。為了避免壞的結果出現，我們一再拖延，直到火燒眉毛，難以為繼。往往不是我們主動選擇誠實的面對現狀，而是形勢使然，到了不得不面對的時候，我們還要編個故事，讓自己取得精神上的勝利。

無論男人、女人，還是老人、孩子，人們都生活不易。可憐一下自己，給自己加油打氣，也無可厚非。但我們要明白，自我是一個很強大的干擾因素。

我們常常認為：別人有這樣的風險，我就沒有。別人可能上當受騙，但我比較幸運。哪怕真的吃虧，也要避免負面資訊進入我的耳朵，堅持把謊話圓過去。

事實上，過分自圓其說最該警惕。我們對幻覺下注越多，就越難以放下執念，我們需要持續自我洞察，不斷審視自我：我是否把壞事解釋成了好事？是否打著高尚、無私的旗號，做一些不太好的事？這是個藉口，還是客觀事實？只有隨時意識到自己的意圖，我們才不至於糊裡糊塗。不要沒減成肥，反而長了一身肉。

2 我為什麼火氣這麼大？

有時候，我跟朋友正常聊天，聽到他說了一句不中聽的話，我會忽然發火。盛怒之下，我不講道理，還罵出一大堆歪理。出口傷人的事情過後，我回想起來，不禁汗顏，可是說出去的話也收不回來了。

為什麼自己反應如此大？我簡直難以置信。我找到了憤怒的起因：我解釋了一件事好幾遍，對方仍然懷疑我的說法。「為什麼你就不相信我說的話？」我會憤怒，並非為了捍衛什麼真理，只是想維護自己的尊嚴。我把對方的幾句話當成對我的挑釁。生氣的背後，是我在努力維護自尊。我企圖改變對方的想法，卻屢次失敗，終於惱羞成怒，這恰恰是我無能為力的最終表現。

當我意識到自己發火時，我要如何處理？我盡量停下來三秒。如果我察覺到怒氣，憤怒的情緒也會消失一大半。

我接受憤怒，並試著追溯怒火的源頭——想想令我不快的這句話意味著什麼？我為何生氣？對方說話的動機是什麼？即便此刻強烈的情緒仍未完全消失，至少已經大大減弱。沒有經過反思的情緒，來自自動觸發的情緒慣性，而非理性。

通常，發火是因為我的弱點被別人說中了，我卻無能為力。正如哲學家伯特蘭・羅素（Bertrand Russell）所說：「如果你一聽到一種與你相左的意見就發怒，這就表明，你已經下意識感覺到你那種看法沒有充分理由。」[4] 用發怒程度測試我對自己觀點的堅定狀況，是十分實用的辦法。

另一種火氣，可以被稱為無名之火。這種憤怒最奇特，不針對人，也不針對事情，突然升起，又突然消失。比如，夏天我在餐廳吃飯，越吃越熱，一直流汗，我就會憤怒。這意味著什麼？也許我有點任性，將自己置於生活中心，企圖控制周圍的一切。就連熱這種事情，我都看成是對自己的挑釁。仔細想想，熱並不會讓我失控，我對熱的不理解才會。我想不通的是為什麼這種熱或冷，會降臨在自己身上。

如果熱是理所當然，那我就不會難以忍受。「心靜自然涼」的道理在於心靜，我察覺並放棄了對熱的怨念。一旦我接受不了，我心裡只會更熱；而當我察覺到時，它就不再是故意挑釁，變得沒什麼大不了。

當我失眠時，無名之火也會熊熊燃燒，我恨自己，甚至恨一切。我越憤怒，越在意，就越睡不著。如果試著察覺並接受睡不著這件事，我反而容易入眠。接受它沒什麼大不了，也是一種自我覺察。

在夏天，隔壁鄰居的冷氣很吵，打擾我入睡，我會反思自己坐飛機時的經歷。在飛機上，引擎就在耳邊轟鳴，音量比冷氣大得多，我照樣可以入睡，如果我將飛機引擎聲當成不可避免的聲音，而把冷氣看成失控的挑釁，那麼即便是輕微的雜訊，也是對我的侵犯。

當我接受了雜訊時，它也就不再構成對我的威脅，這種聲音只是世界上很多聲音中的一種。我接受了它，也就睡著了。

情緒起來時，拆解它

心理學家保羅．艾克曼（Paul Ekman）列舉了人類的情緒，包括六種不同的普遍基本情緒：生氣、驚訝、噁心、快樂、恐懼和悲傷。在此基礎上，人還有一些複雜情緒，例如嫉妒、慚愧、自豪、窘迫、驕傲等。[5]

情緒是什麼？它是一種內在狀態、內心體驗。它就像空氣，無聲無息的環繞著我們，來得快去得也快。只要活著，我們就無法擺脫情緒。

情緒升起快速，而我們的想法總是比情緒慢。一旦覺察到湧現出的情感，你得讓自己暫時停下來，自我反思一下，理性就會運作。接受情感，並分解它們、納入認知中，就會在

4〈如何避免愚蠢的見識〉（*On Avoiding Foolish Opinions*），伯特蘭．羅素。

5《心理學家的面相術》（*Emotions Revealed*），保羅．艾克曼著，心靈工坊，二〇一一年。

一定程度上瓦解它們。比如，焦慮是一種內心動盪、不愉快的狀態。焦慮，顧名思義，它是擔心、多想。根據卡倫・荷妮（Karen Horney）的定義，合理畏懼不確定的未來，稱為恐懼，而不合理的畏懼，則稱為焦慮[6]。

一旦想多了，我們就會感到不安和擔憂。吃不著、吃太多會焦慮。睡不著、睡過多會焦慮。不知道做什麼會焦慮、怕失去會焦躁、不如別人會擔憂。沒錢會煩躁，有錢了為增值而花錢也會煩惱。為選擇而焦慮，為沒做選擇而擔心，為生活中的意義太多、太複雜而憂心，又為缺少生活的意義而迷茫。

如何將不確定的焦慮具體化？如果我們嘗試提問，情緒會被分解為若干具體的事情。經過分解，情緒目標將變得清晰。對象越清晰，問題也就越不可怕。如果我有欠債，我的任務就是還錢。我該想想具體怎樣才能賺到錢，這就是一件具體的事情，也是合理的構思，而不只是焦慮。

如果我擔心我喜歡的人不喜歡我，就要分析一下對方為什麼不喜歡我——因為偏見，還是對我的認識不全面？難道對方天生就厭惡我？如果無法做出改變，那就是無謂的擔心，不值得為之焦慮。

有人的焦慮是「如果當初怎樣，就……」，這是來自過去的焦慮，既然無法控制過去，就同樣不值得為之擔心。如果我生病，我應該想辦法治療，如果我盡力了也治不好，那也沒辦法，做專案也一樣，盡力做好，但也不見得成功。焦慮一旦有了具體形象，我們擔心的範圍就會收窄，動盪的情緒也會有個落腳點。

理性幫助我們擺脫情緒的控制

如果說焦慮是油門，那麼反思就是煞車，治療衝動的最佳良藥，還是理性分析。就好比從電影中學習的過程，學電影的人不僅僅是在看電影，更在觀察電影，看電影的人沉浸其中，而觀察電影的人，要留一部分思想，查看並分析劇情、畫面、聲音、演員等要素的意義和內涵。

我們如果只關注電影中的人物和情節，就會陷進去，情緒會被衝動裹挾。我們對人或事產生強烈情緒時，認知大致處於籠統狀態。當我們跳出來，用客觀的語言談論一部電影或某個人與事時，我們就站在了第三者的立場上。

理性讓我們停下來，意識到一部電影的情節走向。當意識到自身的處境、情緒的起源，而不是跟著感性的漩渦持續旋轉時，心情便有可能平復。凡事一經分析，熱情也就不再

6《我們時代的病態人格》（*The Neurotic Personality of Our Time*），卡倫・荷妮著，林藪譯，小樹文化，二〇一九年。

那麼熾烈了。

如果知道電影是電影，就有可能明白情緒只是情緒；有能力反思情緒的幻影，就有能力隨時脫離它的操控。如此說來，利用「熱臉貼冷屁股」幫助頭腦降溫，也是不錯的方法，只有遇到阻礙，人才能清醒過來，並觀察自己發火的模式。停下來，才能想起來，如果停不下來，理性就只是情緒的奴隸，這樣談不上反思，更不用說洞察。

如果我們不想被一種情緒俘獲，就要跳出來觀察它，我們要讓自己成為旁觀者。同樣一件事，用旁觀角度看，看到的會完全不同。一旦啟動了具體而理性的判斷，我們就不會陷入情緒。

如果知道雲是由水組成的，我們對雲的觀感也就變了。同樣道理，如果意識到焦慮或憤怒的對象，就像雲彩一樣飄忽不定，情感就會重回理性可控的範圍。

3 只要活著，好事總會發生

當一個人認為自己運氣好時，他就會保留更多關於好運氣的回憶。我記得自己買彩券中過十元；我上班遲到，剛好主管不在；昨天，我打開手機，買到了價格優惠的限量水果。我是個樂觀的人，無論事情有多小，都可以變成好運的證據。長此以往，我覺得：「我運氣好，只要活著，好事總會發生。」

我認識一些朋友，明明運氣不差，卻經常感嘆自己倒楣。遇到好事，他們會說「只是碰巧而已」；遇到一點不順心的事，他們會將其放大成流年不順的證據。明明不順心的事只發生了一、兩次，他們卻會感嘆：「為什麼我總是那麼倒楣？」

當反思我是誰時，我們總會定位到自己內心確認的關鍵字，這些名詞或形容詞片語，成為自我定義的濾網，過濾生活中發生的事情。這一套解釋也可以叫做「心智模式」。

彼得．聖吉（Peter M. Senge）說：「心智模式根深柢固於心中，影響我們如何了解這個世界，以及如何採取行動的許多假設、成見，甚至圖像、印象。」[7]心智模式不同的人，即便遭遇同樣的事，也會做出截然不一樣的解釋。

有人犯錯會說：「我知道錯了，下次會做更好。」也有人犯了差不多的錯卻講：「這證明我有多麼愚蠢。」有人不順利時，會覺得這是通往好事路上的一點小坎坷；有人諸事順利，仍在感嘆好時機終究會逝去，人生崎嶇，充滿坎坷。

當你期待它發生，它就會發生

我們內心深處的信念，決定了自我判斷的基礎邏輯。這就像著名的半杯水實驗。玻璃杯中裝著半杯水，有人說：「只剩下半杯水了！」有人則說：「很好，還有半杯水！」從另外一個角度來看，我們越相信什麼說法，就越接近這些說法所描述的狀態。比如，當我相信我本質上是自由的說法時，我的任性和隨心所欲就有了理論基礎，在做出選擇的過程中，這種認知概念影響了我的抉擇。我傾向於選擇不受束縛、更開放的生活方式，識別生活中的自由狀態或放鬆時刻，並讓它們常駐於心。

在自證預言（Self-fulfilling prophecy）[8]的現象中，預測和期待之所以成真，只是因為我們相信或預期它們會發生。我們的行為傾向與心中的信念保持一致，於是，我們相信的預言有很大的機率被驗證。

在自證預言的著名實驗——羅森塔爾效應[9]中，實驗者為一所國中的所有學生進行智力測驗，之後告訴老師，某些學生的智商非常高，讓老師相信這些學生擁有巨大潛力。但事實上，實驗者並非真的根據智商篩選學生，所謂的高智商學生，是被隨機抽取出來的。

這項實驗的結果是，這些隨機抽取高智商學生（事實上他們跟其他學生的智商不相上下），在之後一年內的學習成績進步很快。

為什麼會出現這種結果？也許是周圍人的期望，讓高智商學生感到自信並不自覺的更加發憤努力；也有可能是這些學生被老師特別關注，老師有意無意給了他們更複雜的學習作業，以及更積極的評價回饋。

一旦啟動優秀的預言，周圍人的態度，更有利於這些同學培養自我優越感。某種信念喚起了行為（包括自己和周圍人），持續的舉止也有可能印證這種信念的準確性。被持續驗證後，信念與行動不斷形成正向回饋，並良好循環，產生更大的效力。人們先入為主的判斷和信念，就這樣持續影響著人們的結果。

為什麼我覺得自己很幸運？除了樂觀的性格，還有家庭不斷給我正面回饋。從小到大，父母反覆強調：「你是個幸運的孩子，總是有吉人相助。」儘管我成績一般，但幸運的預言讓我嘗試了別的事情，比如閱讀和寫作。「做這件事不太行，也許是我的運氣在別的地方」，相信自己很幸運的我，會格外注意自己遇到的好事，雖然也會經歷坎坷，但更容易

7《第五項修練》（*The Fifth Discipline*），彼得．聖吉著，郭進隆、齊若蘭譯，天下文化，二〇一九年。

8 是美國社會學家羅伯特．金．默頓（Robert King Merton）提出的一種社會心理現象。

9 於一九六八年，由勞勃．羅森塔爾（Robert Rosenthal）與雅各布森（Lenore Jacobson）所指導的實驗。

找出一些幸運的事情。

自證預言揭示了自我認知的漏洞，我們也從中看到了自我塑造的可能。只要改變自我描述，在行為中持續塑造自我，我們就有可能改變心智模式。

你可以創造自我的正面評價，甚至把自己變成一個天才——某個小領域且標準不太高的天才。比如，在廣告公司工作時，我是個點菜天才。中午ＡＡ制的合菜，都是由我負責點菜。同事都說我比別人更會點。

我的原則很簡單：葷素搭配、營養均衡、經濟實惠。關鍵訣竅只有一個：快。我從不詢問大家的意見，七、八個人坐在一起，總會有各種猶豫和爭執，其實大多數人都不知道自己想要什麼。我點的次數越多，同事就越信任我。這種回饋，讓我更相信自己比別人厲害，點菜的權力就更不可侵犯，我點菜也越來越有自信。

如果錢不是問題，你想做什麼？

自證預言的另一層含義是，我們的行動會隨著自我認知的更換而改變。**行動改變了認知，認知推動了進一步的行為。**

如果主動挑選關鍵字，我們就有可能控制自己的未來。我們甚至不需要思考我想成為誰，而是當下就認定「我是誰」。比如，我告訴自己我是個作家。在「我是作家」的人設下，我每天就必須寫出點東西，然後發布出去。寫多了，水準就會提高，別人也會以作家的身分看待我。這就是自我塑造的過程。自我認知的標準提高後，我的想法和行為也會隨之改變，進而適應新的標準。

有一個帶點神祕色彩的說法：「我們所做的每件事，都是在向宇宙表達自己的真實身分。」[10]這句話也可以換成另一種陳述方式：**我們所做的每件事，都是在向自己表達自己，也是在向別人表達自己**，而這一切表達，逐漸形成我們的宇宙。

我們對自己所認定和相信的事情會做得更多，做多了，就可能變擅長，而越擅長之事，我們越願意做下去，我們的能力與自信心，也更多來源於此。唯一的問題是，我們是否會主動挑選自我願景，以此標定人生方向。

英國哲學家艾倫・瓦茨（Alan Watts）曾問一些大學生：「如果錢不是問題，你想幹什麼？」這是個可怕的問題。瓦茨補充道：「如果你說『得到錢是最重要的事』，你的生活就是在浪費你的時間。」可是，我們要承認，把賺錢之類的目標，當作藉口未必是件壞事，一旦沒有藉口，你反而還不知道該怎麼欺騙自己。

10　《與神對話Ｉ》（*Conversations with God*），尼爾・唐納・沃許（Neale Donald Walsch）著，王季慶譯，方智，一九九八年。

如果你有一億元，你會做什麼？用這個問題自我測試吧！看起來很容易回答，但大多數人不見得有一個讓自己滿意的答案。

從小到大，很多人按照家長和老師的指示選大學和科系，也許還會去找有安全感的工作。在別人的指導下，很多人走上了看似可靠的道路。對於聽話的孩子來說，自我選擇就像個難以觸碰的傳說。喜歡和興趣慢慢變得可望而不可即，甚至消失得無影無蹤，也許他們從來沒有想過，也不敢去想我要什麼。

我們為世界不合我意而感到痛苦，更讓我們難過的是，我們不得不接受「我很普通」的事實，可是，透過自我洞察，我們知道自證預言的祕密：只要我們有願景，就能調動自我及周圍的環境和人。如果可以選擇自我的關鍵字，只要願景足夠明確，相關事實就會落在關鍵字上。

定義我們的，不僅是過去的記憶，還有我們此刻的觀念和行為。一切始於我們的願景，我們期望自己是誰？這也是每個人自我塑造的起點。

4 成功就說自己棒，失敗就怪環境爛

有一次吃飯，學生向我抱怨：「現在環境這麼惡劣，我的夢想也不可能實現了。」「當然了，如今的經濟形勢有太多不確定性，」我說：「可是，即便形勢大好，你就能順理成章的實現夢想嗎？」他嘆了口氣，又強調自己的原生家庭、天賦、運氣。我告訴他：「無論什麼時候、處於怎樣境地，我們都可以選擇。我們應該基於當前狀況，在力所能及的範圍內努力改善。不能一遇到不順利的情況，就把責任全推給外在環境。」

說得更確切一點，我們的問題在於不願意為冒險的選擇付出代價，又不甘心平庸下去。我們不肯客觀評價自己的情況，運氣好、一切順利時，我們總想把成就歸功於自己；如果情況不理想，我們又會責怪環境不好，將原因推給外界，而不反思自己的問題。

我們都是雙標人

基本歸因謬誤（Fundamental Attribution Error）說明了一種傾向：評價外界時，我們會高估主觀特徵（人格與態度特質），低估情境因素；評價自我時，我們會高估情境因素，而低估個人因素。

作家邁克爾・西蒙斯（Michael Simmons）曾舉例：「如果別人在工作中犯了錯，我們更有可能將其歸因於他們的個性、性格或技能水準；如果自己犯了同樣錯誤，我們有可能歸咎於當時的情況（時間匆忙、疲倦，或是別人的錯）。」[11]這樣雙重標準的評價案例，我還可以舉出很多。比如我在玩手機，我告訴自己這是在休息、調整狀態，是在查資料、找靈感，但當我看到別人在辦公室玩手機時，就會覺得這些人正在偷懶。

約會見面，如果對方遲到，我會認為對方是故意的，至於他有什麼理由，我都不太相信。如果自己遲到呢？我會怪手機鬧鐘不靈，怪路上人多，怪昨天晚上的蚊子影響睡眠品質，總之用一萬條原因來推卸責任。

我認為自己能力不錯，只要有好的環境，我這顆珍貴的種子就會發芽，但現在時機未到；如果我成績不好，我會怪學習環境不舒服；窗外的食物香味或樂曲聲讓我分心；當產品銷量不好，我不會覺得自己的產品策略或經營想法不夠好，而是覺得其他工作人員的能力不足，沒有充分領會我的想法。但真實情況是，好時機也許根本不會來，環境從來都很複雜，時機和環境不可能一直對我有利。

雙重標準的背後，是我們對自我評估的錯覺，好像只有我們才最了解自己。我們總是以為，我們愛什麼、討厭什麼、動機是什麼，這些問題的答案，只要我們想知道就能知道，而且可以確切把握，其實，我們正在利用講故事的機會，狡猾的修飾自己的想法和動機，讓自己處於完全被動的位置上。

我的動機是好的，願望也是好的，為什麼我表現不好呢？因為我沒有機會發揮。這種論調的基本邏輯，還是將不理想的狀況全部歸咎於外在環境。

我認識很多年輕人，他們接受過良好教育，但總是一副懷才不遇的樣子，至於為什麼處境不理想，他們給出的理由是，沒有發揮空間或沒有機會。他們的口頭禪是：「我就是個工具人。」對父母、伴侶、老闆，他們都這麼說：「爸爸媽媽，你們總想控制我。」、「男朋友／女朋友，你想讓我伺候你。」、「老闆，你就是想利用我，壓榨我的潛能。」

按照工具人的邏輯，他們是家庭、公司、社會的工具，他們被驅使、被利用、被剝削……他們心不甘、情不願，他們會變成這樣，都是被別人逼的。從好的方面來講，這代表人們權利意識的覺醒。我們不希望被控制，要求被平等對待。

如果這一切都是迫不得已，我們又做了什麼？作為成年人，我們沒有任何機會對自己負責任嗎？

在任何情況下，剝削、被剝削，這種對立說法，都能用來論述我們與他人的關係，但

11 邁克爾·西蒙斯，快速了解「基本歸因謬誤」：破壞人際關係的認知偏見[EB/OL].（2019-01-06）[2023-01-13].

我們要有一種基本認識：在世界上，人與人的關係難以分割，所謂的有用，也是互相的。

將自己變成工具人的，是缺乏反思的自己

只要我們還生活在社會中，我們就在利用別人，同時被別人利用。世界上的其他人制約著我們，周圍環境限定了我們的自由。我們不能總把自己包裝成弱小、被驅使的一方，「我很可憐」、「我缺乏安全感，需要關心和愛，需要被認可」，這樣說是誇大了自己作為受害者的身分，強調自己格外特殊，而且永遠都是一個不被他人了解的受害者。如此，我們便放棄行動，推卸我們該承擔的責任。

原生家庭是否對我們產生巨大影響？當然，原生家庭決定了我們生存的底色，家庭氣氛、生活習慣、親子關係，在我們身上留下深刻痕跡，持續影響著每個人的性格特徵和行為模式，也影響我們日後在獨立家庭中的表現。

不過，作為一個成年人，理解原生家庭有影響也就行了。總不能一輩子陷在這裡吧？一輩子遇到的一切問題，都要歸咎於原生家庭嗎？難道我們一生都無法擺脫原生家庭的負面影響嗎？又比如，如果我們刷App、玩遊戲停不下來，就只能責怪App、遊戲太吸引人？或者指責這個時代的高科技？難道我們不能主動選擇放下手機看看書，或發一會兒呆？

人創造了技術，技術卻越來越強大，可是文明史就是如此演進的。從印刷術、廣播、

電視，到數位網路，新的發明創造了新的機會，同時也會被人濫用。只要無法消滅這個時代的技術，只要人們還承認人的行為自由、自主，我們就不能一味的苛責技術與環境。沉迷社交軟體無法自拔，那也是我們的選擇，不能把責任全甩給電子設備。**任何技術都無法將人徹底工具化，將我們徹底工具化的，只有缺乏反思的自己。**

有人反駁我：「我也經常反思、內省啊。」是啊，也許我們都曾經反思，但也應該知道自我有多麼狡猾。任何人在內省時都很難保持客觀。一有機會，就會自我美化一番。

內省者會追問事情的原因。不過，我們在反思中，更看重自我意圖。我們會認為自己更具有優勢，別人無法了解；認為自己更正確，少偏見。對自己所信之事，我們越想越覺得對，直到深信不疑，哪怕其中包含不少虛構內容。這種認知上的虛假優越感，也造成了我們自我陶醉。

父母在內省後，有可能發現自己是如此無私：「我做不成理想中的事業，就是因為養了孩子……為了他們，我奉獻了自己的一切。」老闆在內省後，有可能覺得自己是個大好人，自己承擔風險和辛苦，為了員工和社會開辦企業。

我們有可能強調的是，「我的意願是什麼」，而不是「這件事到底是什麼」，我們不太在意別人怎麼想。事實上，我們喜歡對別人的事情指手畫腳，對自己卻束手無策。準確的說，也許正因為對自己無能為力，才願意去管別人，同時美化自己的無辜處境。

對自己客觀，對他人寬容

工具人的設定，最終還是我們為自己規畫出來的。如果一個人把自己定義為工具，那他就會成為工具。設定工具人，是意圖讓自己處於絕對的被動角色中，將自己的無能為力，以及搞砸的原因，歸結於他人和環境，藉此找個藉口推卸責任。

我們都不希望自己成為工具，可是也缺乏勇氣把自己當成目的和主體。縱使非常討厭被人安排，可當我們擁有自由時，給自己尋找一個目的，不為他人而活，恐怕也挺難的。

洞察自我，也反思環境。看見自己，也看到他人。跳出自己，觀察自我，才會找到一個相對公正的平衡點。無論處於順境還是逆境，我們都可以反思，哪些情況是我們可選擇、掌控的？哪些又是無法控制的？儘管我們無力改變已發生的事，卻仍有可能做些什麼。

我們還可以驅動自我，去調整能改變的事，我們能隨時提醒自己有可能出現內省偏差，自我認知的錯覺，會使我們維護自己的行為，偏離對事實的解釋。

如果現在一切順利，我們應該將這個結果歸功於他人和環境，而不是強化自我幻覺。如果此時我們身處逆境，就更要在自己身上多找原因，而不是將一切推給外部因素，唯有如此，我們才會對自己更客觀，對別人更寬容。

第四章

我可以，為何你不行——感受的洞察

舊鞋子好，還是新鞋子好？從道理上來說，舊不如新，但從感受出發，有人覺得舊鞋子更舒服。

舊鞋子不是看起來舒服，而是穿起來舒服，感受是情感化的，和人有關，而且因人而異。你覺得重要的，不見得是我的重點；你摯愛的，也許不是我的菜。洞察感受，明白我們的感受如此細膩多變，更能體察人心的微妙之處，避免對他人說出「何不食肉糜」的愚蠢建議。

1 感受決定東西的價值

我們請客人到飯店吃飯，用差不多的預算點菜，可以有兩種方案。第一種，雞鴨魚肉各類菜品齊全，但沒有豪華大菜；第二種方案：大部分菜很普通，但有一盤龍蝦之類的大菜。

猜猜看，客人對哪個方案有高評價？第二種方案的總價格不見得很貴，但多數情況下，客人對它的評價更高。透過這個例子我們可以知道，**感受決定了東西的價值**。**我們往往會記住體驗中的亮點，而不是依靠理性計算體驗的價值**。

價值和價值感是不同的。價值感是「被感覺到的價值」，研究價值感需要從理解人的認知標準開始。比如我們談論一輛車，車的品質與質感有什麼差異？評價品質，意味著探討這輛車使用了哪些優良材料，具備怎樣優異的配置參數和機械性能，而這些客觀優勢，並不見得與質感直接相關。

當談論質感時，有的女性車主提到車窗上的防窺玻璃，女性車主表示：「這種功能我也許用不到，但會覺得廠商很用心，很有質感。」對其他車主來說，質感也許是關閉車門的沉悶聲響，或者座椅皮套摸起來的細膩手感。質感並非全部展現在外，它們可能藏在一般人看不見，只有車主知道的地方，車主也不想將私人感受輕易對外宣布。

那麼，安全與安全感呢？一輛車安不安全，可以從測試資料，權威機構的證明文件得知，而安全感不僅來自客戶對品牌的信賴，還包含個人體驗，例如，人坐在座椅上的包覆感、車內的光線和聲音、遇險後售後人員的處理方式等。

討論駕駛新能源汽車時，很多車主提到「開電動汽車跑長途缺乏安全感」，這裡的安全感指的是，「擔心開沒多久就沒電，又找不到可以充電的地方」，哪怕銷售公司拍胸脯保證，也無法輕易消除車主的擔心。如何讓車主有安全感？這是品牌方需要仔細探討並努力解決的問題。

產品有品質且安全，不見得可以帶給人質感和安全感。商品最值錢的功能，對顧客來說不見得就有很高的價值感。

我引以為豪的部分，對方不見得這麼認為。我們只能站在可感受的角度評估，體會使用者的感覺，透過洞察把握他們感受與評價的微妙之處，再基於這些細膩的發現，去評估產品或服務設計。

不站在顧客角度的商品優勢，可能是缺點

如今，很多創新設計都以科技為先導，越來越先進的技術，也創造了無窮的可能性。可是，科技為什麼存在？為了人，用在產品上的技術價值最終也要回到人的價值。畢竟，使

用者是人，買單者、評價者也是人。

科技創新還要面臨新顧客的審視、挑剔，以及價值評估。廠商認為很厲害的科技，對用戶來說不見得有持久的吸引力。比如無人超市，聽起來是個很酷的創新項目，可是在街頭被採訪的阿姨並不這麼認為：

記者：妳不覺得無人超市的出現，將改變我們傳統的購物方式嗎？

阿姨：改變什麼呀？買東西不花錢啦？刷刷支付寶[1]那也是要花錢！

記者：阿姨，妳看來還沒有理解時代發展的潮流。

阿姨：弄出個沒有員工的超市就是時代潮流啦？每天都弄出些專門裁減底層員工的發明算什麼本事？有本事弄出個沒有老闆的超市啊？

無人超市運用最新科技，從備貨到選貨、結帳實現全自動化流程管理。可是，無人超市有降低成本嗎？這不好說。對消費者來說，他們首次訪問無人超市也許會覺得新奇，可是之後？科技的新鮮感，能否構成顧客繼續來訪、持續消費的理由？

1 中國的一種電子支付工具。

對例子裡的阿姨來說，她最關心自己能否得到不一樣的優惠。其他顧客也許各有各的訴求，比如商品的豐富度、新鮮度，也有顧客更關心隱私和資料安全等問題。

無人超市的經營者當然有他們自己一套邏輯，而消費者也有自己的感受邏輯。對顧客來說，科技優勢不見得能帶來價值感，如果沒有站在用戶角度設計無人超市，商家自以為是的優勢，則變得不堪一擊。

我和朋友路過菜市場，朋友疑問：「這菜市場有什麼用，我都在網路下單，然後宅配到家，方便又便宜……還需要菜市場嗎？」我帶她進菜市場走了一圈，有了體驗、感受，朋友的觀點也改變了。

菜市場和生鮮網站不同的地方在於，顧客可以清晰看到所有鮮貨，親自挑選每一種菜、每一條魚、每一塊肉。菜市場的商品不是被人揀選並送來，而是由自己觀察、鑑別，並選擇。除了買，菜市場的重點更在於逛，我們看到的是食材實體，而不是購買介面上的名字和圖片，邊走邊看，發現不一樣的生鮮食材，也許會冒出新的做菜靈感。

我們可以跟不同菜販聊天，只要請教，他們就會告訴我們怎麼處理食材，關係好的老闆，還會為我們預留當季的新鮮好菜，總之，去菜市場並非僅為了購買，過程還包含豐富的感受和體驗。

如今，網路上的生鮮交易擠壓了菜市場的生存，甚至讓很多人忘記逛菜市場的好處，我並非要批判網路商店，因為我也經常使用它，但我們要明白網路商店與菜市場提供我們兩種不同服務，也提供了兩種不同價值感。網路商店的普及，讓逛菜市場的體驗變得稀缺，反而凸顯了獨特的感受性。菜市場的價值感，對很多人來說，超越了網路商店提供的方便與快速價值。

如果你家附近有個菜市場，你可以多去那裡選購食材，也算是一種難得的生活樂趣。

科技提高效率，但顧客要的是這個嗎？

從無人超市和菜市場出發，我們可以更廣泛的探討突飛猛進的數位化潮流。數位科技是個不錯的東西，但先進就意味著好嗎？無人駕駛、無人配送、無人酒店、無人飯店……最新的科技潮流是無人化，每一種商業形態都有可能變成這樣嗎？一種商業形態變成了無人就是先進的嗎？

無人科技帶給我們的感受，一開始是：好先進啊！什麼都是全自動。時間久了我們可能也會想：先進有什麼用？我們為什麼需要全自動？比如，某家連鎖火鍋餐廳，本來以超出預期的服務為主要賣點，開設了無人餐廳，點單、做菜、送餐、結帳，均由機器人代勞，這種創新設計追求酷炫的未來科技效果，也提高服務效率。可是，主打科技元素後，餐點價格並沒有調降，而且餐廳裡少了服務生，也就不再有人與人之間的互動，由機器人噓寒問暖嗎？它們問候是制式、冰冷的。

跟人相比，看機器人煮麵有什麼意思？我們還是懷念動作笨拙的服務生，站在我們桌邊甩麵，我們總擔心他出錯，但看他表演也是一種難得的服務體驗。

當我們光顧速食店時，我們注重的是快速、方便、乾淨、實惠。可是當我們在中高檔餐廳用餐時，評價條件就不一樣了。什麼是高級？高科技算嗎？與螢幕互動相當於自助服務，顧客得到的訊息是單一的，當體驗被壓縮，互動被標準化時，也是在挑戰顧客的價值感。

關於高級的體驗，我想起另一個案例。

蘇富比（Sotheby's）拍賣行的一位老員工，給客人開了大半輩子的門。他退休之後，公司反過來聘僱他，請他參與世界各地的重要拍賣活動，原因是這位老員工清楚記得每位重要熟客的名字。

如果利用人臉識別技術，讓機器人叫出客人名字並不難，也的確很新穎，卻並不高級，這種方式，甚至是對客人的一種冒犯。雖然科技很發達，但我們仍然需要一位老朋友，他記得我們，能叫出我們的名字，這種親切的感覺，才是最棒的服務體驗。

人們都說科技越來越厲害，它提高工作效率，但仔細想想，用戶需要的不見得是效率，科技也不意味著高級感。科技仍然需要結合複雜的用戶需求，我們也要不斷尋找科技與人的連接點。

我媽操作智慧型手機，經常急得滿頭大汗，她的手指無法停在虛擬按鈕上，無論她怎麼戳都無法碰到按鈕；我爸用電腦找資料，總是找不到資料夾存在哪。老年人使用電子產品，總是不敢隨便動手機，怕把它弄壞了。他們嘗試點擊螢幕上的按鈕，總是點不準，也不知道如何返回上一頁，挫敗感阻礙了他們進一步嘗試和練習。

對年輕人而言毫無難度的產品設計，對老年人來說是難以面對的挑戰。類似的使用者洞察都呼籲優化產品的體驗設計。

一個事物的存在感，能被特定顧客恰當感知。**從用戶的微觀感受切入，可以找到很多未被滿足的需求，從而挖掘新商機**，作為產品或服務的提供者，我們不能吹噓自己的想法多麼棒，也不能指責用戶太愚鈍，我們需要仔細觀察，並持續反思，看起來先進的設計，是否將一種技術，成功轉化為用戶可感受的體驗？一種看似高價值的產品或服務，對於使用者來說，是否真的具有價值感？

2 不同的人，有不同的真實

大雨之後，有人讚嘆雨後彩虹的美好景色；但如果自家門前馬路積水，房子還漏水，身處其中的人必定十分心煩。大雪過後，去湖心亭看雪，意境美妙；不過，如果衣服穿得太少，我就會在寒風中顫抖並擔心感冒，無心觀賞美景。

大畫家筆下的破房子熠熠生輝，他歌頌傳統的生活方式，提倡保護老建築，主張延續傳統，而住在破房子裡的居民有什麼看法？他們苦不堪言，想立刻擺脫這種苦日子。

我認為的糖，對他人可能是毒藥

「此之蜜糖，彼之砒霜」，我認為甘甜的糖果，對別人而言可能是毒藥，這些感受對比並不可笑，因為人們的悲歡並不相通。

我想起在我家附近，有一家人開了雜貨店。夫妻二人生活在十平方公尺的陋室中，剛生了一個孩子，連吃上一頓有營養的飯都很難。每次路過，我都看到他們生活得十分開心。

可是，有的家庭條件寬裕，一想到生個孩子，夫妻仍然眉頭緊鎖，再三權衡，為此發愁。

一個人看另一個人，只能從自己的角度來看，很難跳出自身經驗。同理心雖好，可是能深入到什麼程度？人們更常在談論體驗，但這真的不公平。看到一個人自己吃飯，某些人就總覺得他很可憐，但是獨自用餐的人明明很享受；一個人看另一個人總是吃素，便覺得這人過得清苦，可是後者覺得吃肉才是鄙俗。

外商公司蠻多素食主義者，吃飯時，員工會邀請我喝一種顏色奇怪的蔬菜汁——把韭菜和芹菜等蔬菜打成的汁，對我來說，喝下它簡直是一種煎熬；在某間大型網路企業上課，我問：「誰是素食主義者？」大家面面相覷，有幾位朝我喊：「我們能按時吃飯就不錯了！」他們忙到不會在意每頓飯吃了什麼。這種對比，也展現了企業與個人、生存狀態與文化觀念上的差異。

去不同的公司上課，在不同環境中跟不同的人打交道，讓我明白世界的多樣性，也體會到感受的多元。他人的感受是不可替代的。當談論一種規律時，我們需要了解其適用的人群和具體情況，切忌盲目自信，自說自話。若不如此，我們把精心設計的產品、熱情洋溢的文章，熱騰騰的端出來，得到的可能是冷淡的反應。關鍵在於人們對此完全沒感覺。

好比女人精心描眉畫眼，男人絲毫看不出來，僅塗上一點鮮豔的口紅，男人就覺得女人上了濃妝。如果對方是粗線條的駑鈍之人，明示他都不見得有感覺，更何況暗示；倘若對方敏感多思，就蜻蜓點水、點到即可。輕輕落下的，也許會給對方的心頭重重一擊。

一塊泥巴、一攤水，幾個孩子湊在一起也能玩一下午。家裡買了昂貴床墊，夫妻倆都覺得提升了生活品質；而在孩子眼裡，再貴的床墊，也不過是個新的跳床，孩子們的生活充滿了樂趣，他們尋找好玩的一切，而不是尋求金錢的標價。

你覺得的需求，不一定是對方的需要

一種感受，並不比另一種更重要。

有一句話叫做「夏蟲不可語冰」，意思是如果蟲子命短，活不過夏天，就沒必要跟牠談冰雪。我不覺得這是在批判夏蟲見識短淺，只是在揭示世界上廣泛存在的差異。還有一句話是「如人飲水，冷暖自知」，意味著我們對他人的感受，應保持審慎的態度，延緩下判斷。當我們不理解、不明白對方時，對方也可能這麼看我們。站在相對中立的立場去想問題，就不會出現太多主觀上的偏差。

比如，有人老是抱怨：「我已經給了最好的，我已經掏心掏肺了啊……為什麼你不覺得呢？」如果洞察感受的差異，我們就該反思，自己的真誠，不同於對方感受到的；你的表達與對方的認知，是兩回事。

如果一個人不修邊幅、說話不分場合，這些不會被認為是真誠的舉動。大部分人雖然斥責虛偽，卻受不了真性情的表達，幾乎沒有人願意聽到別人毫無修飾的內心獨白，那只是宣洩，不是真誠。如果有些祕密無法分享，就沒必要將它們說出來，因為對方會覺得你在施加壓力。

我們來談談產品。為什麼現在的產品越來越個性化？因為產品不再稀缺，品種琳琅滿目，供給大於需求，但每個人獲得的體驗和感受，卻差異巨大。產品設計者需要仔細研究不同使用者的感受，再專門針對其中一種客群，而不是試圖解決所有人的問題，比如好電腦的標準。

一些用戶引以為傲的最高標準是品質堅若磐石，像是一款高級筆電，從桌上掉下來，把地板砸了一個洞，電腦卻沒事，照樣能運作，但是對其他使用者來說，好電腦可能是性能好、重量輕、易收納。對另一些人來說，是個性化，也可能是在同事或朋友中評價更好的。有人可以十年不換一臺電腦，可是，對經常換電腦的人來說，堅固耐用不見得是很有吸引力的賣點。

同樣是擁有一輛車，男人與女人的感受有巨大差異。一些車主會將車子當成珍貴的私人物品：「這是我的車，休想要我借給你開。」我遇過一位特別愛車的人，他本來喜歡喝酒，但為了不找代駕開他的車，也能忍痛割愛不喝酒；另一些車主則只把它當成代步工具，他們會毫無顧慮的把自己的車借給朋友，有刮痕也不會心痛，甚至根本不會發現車子被刮到過。

有些女車主喜歡得到貼心照顧，喜歡女性專屬停車位、汽車經銷商裡提供的美甲服務等，但另一些女車主就十分討厭這些貼心，甚至抗議是被差別對待。對她們來說，專屬停車位就是一種性別歧視，至於美甲服務，簡直是畫蛇添足，放在店裡不倫不類。**對商家而言**，

他們需要更細膩的分析不同顧客的差異性，分別回應訴求，而不是提供一種無差別的服務。

又比如，我們談論時尚。對於不同的人群，時尚包含了太多不同層次。時尚可能是俗氣的，就像爆紅的中國網路歌曲〈我的滑板鞋〉裡唱的「時尚，時尚，最時尚」，一些人卻對這種時尚嗤之以鼻，覺得必須高大上（高端、大氣、上檔次）、新鮮、奇特，符合國際潮流才行，還有人覺得所有顯露在外的高調時尚都很丟臉，主張小而美，專屬於自己的時尚潮流才叫好。

電腦、汽車、時尚……以此類推，我們可以在任何領域，找到不同使用者的認知差異。難以逾越的感知鴻溝，也意味著面對不同感受，人們彼此難以覺察、不容易建立溝通。我們很難歸納出一種大家都覺得好的感覺，也不應該虛妄的認為我們足夠了解他人。

我們要經常反思，我的意圖、感受、產品，是否有針對某些客群，並傳達給對方？從對方的角度來看，又會如何理解這些意圖？好心被當成驢肝肺雖然讓人難過，但事出有因，你的好意，對方心領，不過他也只能淡淡回覆：「好是好，但不是我的菜。」

3 誰偷走了你的視覺震撼？

我認識的年輕父母，大都熱衷於記錄自家孩子的成長瞬間，每天拍十幾張照片，即使手機容量不足，媽媽們也捨不得刪掉，乾脆再買一支新手機繼續拍。

我問她：「為什麼不把照片拷貝下來，儲存在硬碟裡？」她回答：「分類和歸檔太耗時，也懶得弄。」「那妳什麼時候會再看一遍手機裡的照片？」「也許有空會翻一翻吧，不過，誰能從頭到尾看一遍？」

拍下照片等於擁有，真的嗎？

這就是數位時代的日常生活。我們不停的拍照、儲存、囤積資源。拍得越來越多，存得也越來越多，很多人都覺得，不管怎樣，先拍下來再說。即便我們不拍自家孩子，手機裡也依然存著大量其他照片，比如花卉、天空、風景、動物……同樣很難有機會一張一張翻出來，仔細看看。

拍照給我們一種心理暗示：拍下來等於擁有。擁有一張照片，比記住一件事更實在，因為我們擁有的回憶經不住仔細推敲，我以為親身體驗過的事，缺少具體細節，想仔細回想，心中卻一片虛無。

心理學教授琳達．漢克爾（Linda Henkel）認為，我們記錄得越多，體會到的就越少，過多紀錄甚至損害記憶力。她評論了大量拍照對記憶力的影響：「按下快門的那一刻，就好像你把自己的記憶力外包給了相機。每當我們使用這些設備時，就會減少自己的思想認知，從而阻礙我們真正記住事物。」

瑪麗安妮．加里（Maryanne Garry）認為：「如果家長們不能做一個好的『記憶檔案管理員』，也就不能幫助孩子們學習如何談論自己的經歷……不僅是家長們失去了這部分記憶，孩子們同樣也會受到影響。」[2]

拍照效應意味著，我們拍得越多，存下來越多圖，記住的就越少；拍得多，我們的感受就越膚淺。我們越來越漫不經心，難以調動感受力記住細節，比如，我經常見到這類參觀者：他們進入展覽館，舉起手機拍照，把每個作品拍一遍後再奔去別廳。

不僅看展覽如此，如今人們欣賞風景、見人、讀書都有類似之處——目光快速掃過去，浮光掠影，缺乏耐性，很難真正看進心裡。

在數位技術影響下，我們很依賴便捷的數位輔助工具，先進科技也持續影響著我們的感知，讓我們期待被震撼。但是我們能看到的事物越多樣，觀看方式越多元，被震撼的可能性就越小。

海量的影像，偷走了我們的震撼

有個學藝術的年輕人跟我感慨了一番：「我去了一趟敦煌，沒有覺得很震撼，我有點內疚。」我問：「你能指望什麼？參觀山洞裡的彩繪，指望被震撼嗎？那些有名的壁畫你都在網路上看過，到了現場，你只能在幽暗的燈光下感受氣氛。至於繪畫和雕塑的細節，遠不如複製品。至於**古人會大為震撼，是因為他們沒機會欣賞太多東西**。」

在藝術鑒賞領域，現代人與古人最主要區別，在於視覺經驗的多寡。裝飾精美的大教堂，或布置了壁畫、雕塑的著名寺廟，對古人來說是真正的視覺盛宴，因為他們一生都難得一見。

如今，人們每天產出不計其數的各種影像，我們這個時代的視覺奇觀，不可能來自洞窟裡的藝術圖像。普通人對海量視聽作品感到疲倦，要想被震撼，大家會選擇觀看 IMAX 電影。隨著虛擬實境技術的發展，讓使用者沉浸其中的元宇宙，又令大銀幕的震撼效果相形見絀。我們只要習慣於某種感覺形式，就不再感到新鮮，也不會覺得震撼，**感官上的刺激只能升級，難以降級**。

2〈經常使用相機會導致記憶力衰退？〉[EB/OL]．(2014-05-29)[2023-01- 13]．

手機上播放的短影片簡短、精彩且緊湊。電影的鏡頭美、光線好、表情細、角度絕。跌宕起伏的劇情，把鋪陳的敘述通通省略，幾十秒的戲劇性段落，代替了幾個月甚至幾年的平常日子。

一旦圖像看多了，我們的人生就顯得有些無趣。其實，並非人生無趣，只是相較之下不夠精彩。當我們習慣螢幕裡的精彩時刻，再看回生活裡的場景，總覺得色彩和構圖不夠巧妙；過渡性情節太多，高潮時刻太少；缺少恰當的背景音樂；我們的表演搭檔，也不像電影裡的那麼養眼。

難以計量的媒體經驗，映襯著人們的日常感受，在這種洗禮下，我們的思想和情感都變得見怪不怪，波瀾不驚。這也好比我們口味的變化，身經百戰的吃貨們追求更麻、更辣、更有滋味。這樣下去，人們的口味會越來越重。如果習慣了喝調味劑做成的重口味濃湯，喝真材實料熬成的湯，反而覺得太過寡淡。

我們習慣不斷有內容被「推進來」，填滿時間和腦神經，而不是自己主動選擇「拉過來」一些內容，仔細欣賞和研究它們。

不停的看短影片是一種癮，讓人一旦打開相關影音平臺就無法關閉。看到後來，我們總是不知滿足，卻又感到厭倦。當我們使用電子媒介時，無論閱讀文字還是看圖像，我們都傾向快速瀏覽。手指向下滑動，目光快速跳躍，我們的全部感官都被某種「使命感」驅動，忍不住查看未讀訊息，並且持續刷新。幾小時過去，我們似乎看完了全部內容，但其實什麼也沒看進去。

養成了這類使用媒體的習慣，我們就難以容忍少量、慢速，留給我們想像和思考的時間等同於無聊。如果停止觀看和使用媒體，人就處於無聊的狀態，就像被世界拋棄。我們都有一種忘記自我的衝動，要把自我的控制權交出去，讓自己投身於媒體的洪流。

明明可以選擇什麼都不做，但是這種百無聊賴的無聊狀態，卻往往讓人們避之不及。

人們開發數位產品，卻反過來被支配

技術是人的延伸，但反過來，技術也控制了人的感官和行動。哲學家赫伯特・馬庫色（Herbert Marcuse）早就提醒過：「不要被技術壓縮成『單向度』的人。」哲學家哈伯瑪斯（Jürgen Habermas）也警告：「技術化的系統世界，正在殖民生活世界。」

通俗來說，思想家們的意思是，「我們要明白，人有可能不再是世界的主宰和中心」。人發明了技術，卻不見得能很好的使用和操控它們。

使用最新的數位產品，意味著我們緊跟潮流、積極生活且嚮往時髦。可是，我們也要知道，一種技術工具或創新產品，看似是我們的所有物，卻同時支配了我們。它在塑造我們的感情，也在驅使我們的行動。比如，自從我戴上運動手錶，我總會關心每天的運動量是否達標。

手錶自動連接手機App，為我制定了各種活動規則。每天、每週、每月……各個時間段都設定了相應的活動指標，在寒冷或炎熱的天氣運動，可以取得相應的勛章。即便我不分享，我仍然受到軟體榮譽系統的影響。比如在極端天氣，我想挑戰自己去跑兩圈，贏得虛擬獎品。

放在屋子裡的智能體重機總在呼喚我踩上去。它不僅顯示體重、體脂，還有各種複雜資料，智慧追蹤各項指標並將其畫成曲線圖。我好像在為體重機上的數據而減肥。如果發現資料不好看，我就必須想辦法改善，不然不好意思踩上去。

我們按照手機導航的指示趕往目的地，路過的其他地點形同虛設，全都被我們忽略。即使目的地近在眼前，我們也會打開導航確認一下；去飯店點菜，我們依據點評網站上的受歡迎排名來點，好吃不好吃？我們不相信自己的味蕾，不敢輕易下判斷；我們去外地旅遊，鎖定攻略裡提到的地點，不想繞一點彎路。旅遊前，我們看了太多精選圖片，看到實景後難免失落，數位化造成過高期待，導致旅行者體驗上的落差，旅行變成了驗證資訊（跟圖片是否一樣），我們甚至喪失自己觀看景色並享受當下的能力。

告訴我，你看到了什麼？

人的感官在媒體世界中變得駑鈍。我們持續接收串流媒體帶來的消息，腦子也很少動一下。如果停下來想一下「我看到了什麼？」我們大概會一臉茫然，就像懵懵懂懂的吃了一桌菜，卻想不起具體吃了什麼；又好像一隻老貓，不再輕易被聲響或行動吸引，甚至不願輕易睜開眼睛，因為牠見過世面了。

上課時，我播放一段影片，並問大家：「告訴我，你們看到了什麼？」很多同學一臉茫然。他們會低下頭，在電腦或手機上搜尋一下，看看別人怎麼說，我告訴他們：「大家不要上網找，你們要停下來自己看，動用自己的眼睛和頭腦。不然長此以往，你們就失去感受和發現的能力。」

我強迫大家凝視一幅圖像，一開始大家覺得無聊，可是後來，大家會發現不少細節。大家重複觀看影片，或慢速欣賞，然後複述影片內容（如果能把一部短片內容從頭到尾清楚講出來，已經算是不錯的第一步了）。經過討論，大家也逐漸意識到影片中的一些不尋常之處。**我們要透過自己的感受，發現值得關注的細節，而非藉由他人的快速轉述**。

大量、快速的生活習慣，是讓我們感知變粗淺的主要原因。無論面對文字、食物，還是藝術品或旅遊景點，只要想快，我們就很難有豐富的覺察。不過，只要我們有自覺慢下來，感受就有可能重新變豐富，不被技術的洪荒吞沒。

很多人已經開始反思生活、謀求改變。比如，越來越多的人吃飯會細嚼慢嚥，藉此恢復胃口，吃出食物本身的味道。

在高科技時代下生活，我們仍然可以不為物所役，恢復我們本身具有的感官能力。當我們不再急躁，不再事事依賴手機、電腦時，就有可能重新收穫感受的自由，重建對感受的洞察。

4 餓了？為什麼不吃肉

「大家為什麼非要叫外送，不自己出門買飯呢？買飯還能趁機活動一下。回家時順路買，不是更環保嗎？」網路上有人這樣評論當下的外送文化。

這個評論看似客觀、理性，卻忽略了叫外送用戶的實際處境，他們想到樓下走走，卻不見得有站起來的自由。很多工作者吃完飯後還要加班，能準時吃飯已是萬幸，況且，不是所有城市的各個區域都這麼容易買到食物。比如我熟悉的北京，在這座城市的大多數區域，出門走上一、兩公里，都不見得能遇見一家飯菜品質讓人滿意的小店。

我們或許會感嘆，生活在城市裡的人過於依賴外送、過度使用軟體，導致許多人忽略對附近生活的觀察和感受，更關心數位媒體裡的遠方，這是事實。不過，只要我們更了解不同群體的真實處境，就不會把話說得這麼輕鬆。

上班族、學生、退休老人、快遞人員……每個人都有不一樣的附近。你的附近很熱鬧，我的附近可能很荒涼，與其感慨大家不再觀察生活，不如拯救一下自己對他人情況的共感力，關注現實生活中不同人的狀況。

餓了，為什麼不吃肉？

「何不食肉糜？」——你餓了，為什麼不吃肉呢？

從古至今，這樣的勸告邏輯從未消失。這句老話聽起來可笑，可是每個人都有可能問出這種問題。也許提問者的生活中有吃不完的肉，對他們來說，肉是冗餘、過剩，而不是稀缺，因此，他們會推己及人。

這一類未能理解（或不願理解）他人狀況的問題十分常見，例如，我們對傷心的人說：「你就不能堅強一點嗎？」對工作不順心的人說：「既然受不了，你為什麼不辭職？」「你這都不會嗎？」、「你連這個都不知道嗎？」用這類反問句說話的人，站在高地之上，對其他人喊話，而感到傷心的那個人，並不缺少大道理來說服自己；工作不順心的人，也知道回家躺著更好，如果選擇這麼簡單，世界就真的實現愛與和平了。「**我都可以，為什麼你不行？」提出這樣的建議，只是證明說話者更具有優越感而已**。

「人們衡量他人的痛苦，不以自己在類似的遭遇中，可能會承受的痛苦作為參照，而是以自己的設想作為參考。」[3]「為什麼不……」這類反問句其實是一種教訓，它的底層邏輯是「我總有理由，而你只是在找藉口」。

我們要求自己的標準往往寬鬆，也有充分且合理的理由，可以隨時自圓其說，而要求別人的標準較苛刻，可以歸納成一句：「你不行，是因為你不想嗎？」

用想法評價自己，以行為評論他人

以自我為中心，我們會經常高估自己，低估別人。有時候，自信本來就是形成認知偏差的主要原因。我越自信，就越容易輕易得出結論，考慮得少，說出來的話就不會太具體，做出的判斷有可能偏差很大。例如，不怎麼生病的人，會覺得病人矯情，「你的病哪有那麼嚴重？」家庭條件好的富家子弟，覺得人窮只是因為不夠努力。

這些都是認知上的偏差，也是心理學所說的投射效應（Projection effect）[4]。如果你喜歡玩遊戲，就有可能高估喜歡玩遊戲的人數，你可能認為年輕人喜歡玩遊戲理所當然、天經地義。我們經常會假設他人與自己具有相同愛好，並且認為這些事實不言自明。

我站在哪裡，就會圍繞哪裡講一套道理，合理化自己的行為。我很可能預設了一個以自我為中心的標準，離我近的，感覺更貼近自己；離我遠的，最多報以遙遠的同情心。由於遙遠，感覺不夠具體，情感也淡漠得多。

擠捷運時，我如果還在車廂外，就總覺得車廂裡一定還有很大的空間，但是一旦在車廂

3 《無處安放的同情》（*Nahes und Fernes Unglück*），亨寧．里特（Henning Ritter）著，周雨霏譯，廣東人民出版社，二〇二〇年。
4 將自己的特點歸因到其他人身上。

裡，我就會喊：「你們別擠了，沒有地方站了。」又比如我開車時，總覺得開得比我快的人都是瘋子，而那些開得慢的人都是笨蛋。彷彿我站在哪裡，哪裡就最值得被關注。

如果在世界的某個角落出現饑荒或暴力，很多人挨餓或死去，我大概不會有太大的感觸，但如果我家網路斷線一小時，或者晚上要停水，我就要發瘋。我們去櫃檯辦事，服務人員動作緩慢，我們會覺得這些人效率低下。我們不會認為這人也許身體不舒服，或者家裡的事情讓他心煩。

對別人，我們會說：「你把事情搞砸了，讓我不舒服。你別廢話，說再多都沒用。」卻會這樣告訴自己：「雖然結果不好，可是我的想法好，別人不該怪我。」談論自己的意圖時，我們總說：「我是為了你好，至少也是好意。」批評別人時，我們會講：「誰叫他做這種事情，吃苦頭也是活該。」用一句話總結：我們用意圖評價自己，卻用行為評價他人。

過去二十年，知識分子曾對突飛猛進的數位科技，抱持過於樂觀的期待。他們以為科技會把世界變成扁平狀態。「全世界的人可以空前的接近彼此」，人人資訊平等，觀點能得到充分討論，大同世界似乎觸手可及。但人們很快發現，在數位技術之下，世界又重新形成了新的部落化結構。

不僅世界不是平的，人們的大腦也不是平的。屬於不同群體的人，總在關注各自所屬的局部發生的事情，比如特定人的焦點新聞，或者其他他們認為值得關注的事。一些人在大聲疾呼，處境危急；另一些人捂住耳朵，不願意聽，對呼號者的語言感到厭倦、反感，甚至自動無視觀點不一致的發言。

在社群媒體上，時時刻刻都流傳著各種假新聞。對於真正的新聞，哪怕發生在附近，只要與我們無關，我們也常漠不關心、視而不見。這個世界似乎越來越便利，我們可以使用各種翻譯軟體或即時通訊，但大家是否相互連通、相互理解了？也許，現在的溝通障礙反而比從前還多。

當我們難以接受其他聲音時，我們最好意識到，對於另一些人而言，也難以接受我們發出的聲音。我們的想法和觀念，受制於認知的局限性，更取決於感知的角度，只要稍微反思一下，我們覺得確鑿無疑的事，就不見得那麼確定。

如何拓展我們的感受？心理學家尼古拉斯・艾普利（Nicholas Epley）建議：「如果我們想要理解他人，最好直接和他們交談，而非想像他們的感受。」[5]這是一個很好的建議。畢竟，想像別人容易抽象化，而切身面對他人則十分具體。

在我們舉辦的設計思維工作坊（Design Thinking Workshop）中，確定洞察之前，需要與使用者大量面對面訪談。**我們需要見到具體的人，跟他們有更深入的交流，而不是在辦公**

5《為什麼我們經常誤解人心？》（*Mindwise*），尼古拉斯・艾普利著，曹軍，徐彬譯，湖南科學技術出版社，二〇一七年。

室裡假設他們的想法。

如果我們能進入他們的生活，並且觀察他們的一舉一動，知道對方如何工作和娛樂，面對怎樣的困境有怎樣的快樂，效果更好。設計思維中的用戶洞察，不是一種想當然的抽象概括。透過實際與顧客互動，我們比較容易鑑別出，哪些感受是被包裝出來的，哪些更接近真實。

了解別人與自己感受的差異，有助於我們了解自身的局限性，我們也會因此減少使用反問句（如為什麼不……）。同時，充分審視自己的感受，也將避免過度誇大自我情緒，避免動不動自我憐憫，而當我們試著理解其他人的感受時，我們也可以最大限度的保持寬容。

第五章

宇宙不是原子構成，是共鳴——故事的洞察

美國詩人魯凱澤（Muriel Rukeyser）説：「宇宙不是由原子構成的，而是由故事構成的。」（The universe is made of stories, not of atoms.）

故事是我們認知世界和採取行動的框架，它賦予我們意義，提供了行動的指南針和思想的參照。

分析故事，幫我們識別新瓶子裡的舊酒，也防止我們掉進一些鬼話包裝的陷阱，而洞察故事，讓我們識別世界的運行機制，並學會編織屬於我們自己的故事。

1 名字為故事訂基調

小時候讀法國小說，我讀到故事裡的男女主角經常吃牡蠣。什麼是牡蠣？聽起來好高級！當時我想，牡蠣一定是一種非常昂貴的食物，後來我才知道，所謂的牡蠣，就是海蠣子。

我去南方旅行，當地人告訴我：「你們說的海蠣子，在廣東叫做生蠔；在臺灣小吃店，叫做蚵仔。」牡蠣、海蠣子、生蠔、蚵仔……難道都是同一種東西？這讓我疑惑，它們的格調聽起來是如此不同。

同一個東西，不同的名字，差別就那麼大嗎？這不是食物味道的差異，而是故事味道的差異！

吃下肚的，是一串符號，也是一種故事

你吃過燒鳥嗎？燒鳥其實就是日式料理店的烤雞肉串。

很多叫做燒鳥的肉串，至少比中式燒烤店的肉串貴兩倍，多出來的價格，可以被稱為肉

串的故事溢價。不僅如此，在很多日式料理店裡，甜蝦、鮭魚、北寄貝等的毛利率都輕鬆超過七〇％。

無論我們去吃牛排還是日式料理，吃進去的不僅是食物本身，還是一串符號、一套故事，吃也是一種確認自我身分的過程。在故事裡，具有象徵意義的食品是階層的標誌。

皮耶・布赫迪厄在《區判》（*La Distinction*）[1]中大致寫道：「食物及進食的選擇上，勞動階級強調慷慨、不拘束的環境，拒絕中產階級文化的矯飾和拘謹。相反的，中產階級則較為注重食物的品質、風格、展示的方式、美感等特性。」

我們去高級飯店吃飯，儼然是參與神聖儀式。高檔飯店的服務生，無論動作還是微笑，都十分優雅、收斂，一切服務要嚴格遵照規則，飯店供應的食材及烹調方式也都很講究，但更重要的是菜餚擺放及呈現方式，比如，端上來的料理是用乾淨的大盤子盛裝，色彩鮮明、擺盤講究，看起來才更大氣。

相較起來，我的家鄉菜問題在於菜量太大。無論亂燉還是殺豬菜[2]，一份菜就是一盆或一鍋，所有食材混在一起。一旦追求實惠，就缺少了故事空間。我們如果去大眾餐廳用餐，就沒辦法講究服務，坐在嘈雜的人群中，想說話都得大聲喊叫（當然，這也是一種獨特的熱鬧氛圍）。

高級飯店的象徵性消費，早已經超越消費行為本身。我們不是去填飽肚子，而是進去體驗一整套情懷與品味。我們會自覺遵從故事規則，如果有人想要戳破這套規則的合理性

（例如評價其為裝模作樣、華而不實），我們還會為故事的合理性、神聖性辯護。

洞察故事，先從名字開始

洞察故事，首先從洞察一個名字開始，名字為故事奠定基調。你的名字叫翠花、二狗子，還是艾米麗、麥克？不同名字，擁有不同內涵，故事的氣質濃縮於一個名字。

再想想色彩的名字。白色？太普通，改叫「白朗峰白」，好多了！翠綠？不行，叫「翡冷翠」，是不是立刻變時尚了？乾隆給皇太后過生日，對菜名都有講究。關東鴨子，叫做蓬島仙禽；桃子叫做仙源瑞果；雞肉餡的壽桃，就叫鳳集桃源，這樣一來，這些菜餚就具備了十足的皇家派頭。

當今，新晉流行的茶飲產品，通常不使用茶葉品類的名稱（毛峰、大紅袍、正山小種之類），而是擁有了一些新名字，幽蘭拿鐵、抹茶菩提、人間煙火……市面上從來沒有過這種茶。新名字建立了故事的新品類，令人浮想聯翩，卻猜不出真面目，你必須買一杯，嘗一

1 《區判》，皮耶·布赫迪厄著，邱德亮譯，麥田，二〇二三年。

2 中國東北農村接近年關，殺豬時所吃的一種燉菜。

嘗，才知道它的滋味。

比如，生打椰椰、爆錘檸檬茶，從名字就能想像出飲料製作的場景。馬不停蹄龍眼冰，包含了原料的關鍵字——馬蹄、龍眼，這類名字組合讀起來朗朗上口，也更有傳播性。

我訪問桂林，遊覽灕江，每次竹筏划到九馬畫山（這是灕江上最著名的景點之一）時，我都忍不住驚嘆大自然的鬼斧神工。我不知道哪位高人最先想出了九馬畫山這個名字，但這個名字給許多導遊提供了飯碗。導遊會問遊客：「大家數一數，在山崖上，一共看到了幾匹馬？」黃山有個「豬八戒照鏡子」的景點。爬到半山腰，導遊招呼遊客過來，用手機放大拍攝一塊石頭，在螢幕上指點，讓一臉迷茫的遊客，認出豬八戒和鏡子的所在地。

無論去桂林，還是去黃山觀賞山石景色，都要考驗想像力。但想像力的前提是一個名字，它為認知提供了線索，賦予了石頭一個故事。

有了名字這個點睛之筆，幾塊石頭就不再只是石頭，而是萬物有靈的一種象徵。你相信了，也就逐漸進入故事，於是，山坡上的幾塊石頭、幾個圖案，越看越像名字所指之物。

專家通常滿頭白髮，時尚模特兒都是外國人

其次，一個新故事之所以讓人有共鳴，是因為它充分利用了人們的舊認知。有共識的要素，調動了大多數人對故事的一致性理解。比如，電視廣告裡，扮演專家的人，通常是滿

頭白髮、慈眉善目的長者，有一些本土鄉鎮企業想推出高尚時裝品牌，要先取個充滿異域風情的品牌名，再雇幾個外國人充當模特兒或形象代言人。消費者對於專家的長相，和外國時裝的品牌形象，都有相似的基礎認知，有這樣的線索指引，專家和外國時裝品牌看起來就很讓人信服。如果認知的土壤不變，這種簡單粗暴的認知利用，在一段時間內會一直奏效。

又比如，某礦泉水品牌就曾經用水仙花做實驗，聲稱水仙花在真正的天然水中會長得更好。競爭對手的老闆看到後，氣憤的表示：「水仙花放在糞水裡長得更好，難道糞水就更好嗎？」

事實上，我的家人也用某品牌的山泉水澆灌水仙花。水仙花值幾元？我看著都覺得浪費，但也無法阻止用天然水愛水仙花的行為。這其中的原因，一定是天然水隱含著天然的故事，自然的打中了人們心中對天然的感受。

人們普遍認為碳酸飲料不健康，果汁比較健康，因為果汁來自水果，還是天然的。人們用本質化推論，去掉水果的冗餘之後，果汁是最有用的本質，但事實上，這個本質並不怎麼樣。

我們都知道，榨汁會去掉水果的膳食纖維，也會損失大量的維生素和抗氧化物質。好喝的果汁含糖量相當高，研究顯示，蘋果汁、柳橙汁的含糖量都在八%以上，葡萄汁的含糖量甚至高達一五%至二〇%，幾乎是等量可樂含糖量的兩倍。喝一杯純果汁，等於喝進二十至四十公克的糖，相當於額外吃進半碗飯的熱量，怎麼可能更健康？[3]

有關果汁的健康故事，依託於人們的自然聯想。這個健康故事，也獲得了果汁機廠商、果汁生產者及水果販賣者等利益相關方的共同推動，而相關商業傳播，利用了消費者想當然的故事思維。

最後，**效力強大的故事，往往都包含跌宕起伏的戲劇性結構**。史蒂芬．茨威格（Stefan Zweig）在《茨威格之人類群星閃耀時》（*Sternstunden der Menschheit*）一書中，特別提取了人類歷史上十四個重要時刻，用放大鏡聚焦命運來臨的偉大瞬間，尤其突出英雄們的戲劇性表現。如此一來，幾千年歷史被歸納、提煉為一些關鍵的故事場景。

在作家羅曼．羅蘭（Romain Rolland）所撰寫的著名傳記之中，貝多芬（Ludwig van Beethoven）或是米開朗基羅（Michelangelo）等偉大的歷史人物，都被塑造成神奇且浪漫的人，他們征服顛峰、扭轉命運。這種故事的成功之處，在於突出了人物意志、性格等主題，淡化了其他因素。偉大的歷史讀起來讓人血脈賁張，編織故事的戲劇化方法，一直延續到了現在。

大部分好萊塢賣座大片，仍然遵循著「英雄之旅」的模式。此類影片的主角即英雄，受到召喚、調動潛能、成長蛻變，最後打敗壞人。音樂響起，故事圓滿結束，觀眾胸中湧動著一股激情。換湯不換藥的流行電影、浪漫的英雄主義故事、戲劇性的故事邏輯屢試不爽，也最契合人們對戲劇化的認知習慣。

受歡迎的文化產品，其故事往往包含完整的起承轉合、喜怒哀樂。讀者藉由閱讀、觀看故事，就像快速過完了完整的人生。英雄要在故事中彰顯偉大之處，而人們看電影、閱讀小說時，也在尋求一面鏡子，藉由觀看俯瞰生活，映射自己存在的意義。

在故事的調配下，生活有了味道

作家哈拉瑞（Yuval Noah Harari）認為，智人成為地球的主宰者的祕訣在於，其能創造，並且相信某些虛構的故事。對虛構事物和故事的認知，讓人成為人，而不斷尋求意義的人，又在消費著故事背後的象徵滋味。

我們不但要生活，還要不斷透過故事，為生活插入意義。選擇一個名字、一段故事，我們就獲得了相應的身分。人們平淡的生活，在故事醬料的調配下，也有了味道。總而言之，牡蠣、烤雞肉串、石頭或果汁，單獨看都缺乏意義，只有在故事中才有意義。

我們是故事中的人，又在呼喚著它。我們吃東西、旅行、交談、看書消遣，都是在其中漫遊，並在漫遊中尋找自我的形象。故事是我們自身形象的載體，讓我們將瑣碎的印象拼成完整的圖形。故事之網能傳遞文化，也安置了我們的心。

3 阮光鋒，〈果汁真的健康嗎？要不要喝？真相跟你想的不一樣！〉[EB/OL].（2019-03-18）[2023-02-12].

只有學會消費故事的營造之術，我們才能從事創造和傳播行業，並以此謀生；與此同時，我們也能理解故事虛幻的模式，不至於過度陷入名詞編織的迷局，亦可拉開距離，審視自己，適當的收斂自我的物欲。

2 不了解內情前，一切都很神奇

打開手機一看，就能看見許多透過網路賺錢的成功案例。在各大直播平臺上，熱門主播似乎什麼都不用做，只需要優雅生活，開個直播、拍些展示日常的影片就可以賺錢。大家看了之後，就像找到了救命稻草，覺得「我也可以」。

我的朋友厭倦了上班生活，他說：「實在不行，我回家開個小咖啡店，賺點生活費應該沒問題。」他去諮詢經驗豐富的生意人。過來人勸他慎重，要他去看看開店賠錢排行榜。他不信，對方只能說：「那也好，你去試試看吧。」

我認識的文藝青年，十有八九都有志於開一家環境幽雅的小咖啡店。我也喜歡喝咖啡，但我也明白一個道理：喜歡喝，跟做給顧客完全不是一回事；更不用說開間咖啡店了，那相當複雜——選址、選品、市場定位、員工管理、原料供應、品質控管……每樣都是學問。

新開的咖啡店如雨後春筍，但關店時，創業者只是黯然離場。他們不會到處訴苦，因為失敗的結束，總不像開始那樣值得被高調宣揚。雄心勃勃的創業者，不願意看見失敗案例。**成功的商業故事對外行人最有吸引力，因為他們總看到故事光鮮亮麗的外表，卻很難了解（或下意識忽略）故事的苦澀部分。**

賺錢的人都是講故事的

賺錢的人都是講故事的，掉坑的也許是聽故事的人。

期望與實際狀況的落差，體現了倖存者偏差[4]。我們看到的往往是倖存的贏家，九九%黯然出局的參與者都沉默了。我們記住商業中成功的亮眼時刻，卻忽略了大部分的失敗。

股票專家可以預測股市走勢嗎？專家掌握各種資訊，也擅長使用專業術語。不過，在很多情況下，專家講的故事不見得可信。如果他們真的一直很準，為什麼還要靠當專家賺錢，直接籌錢買股票即可。

更容易成功的講故事模式，就是多做一些預測。專家多說一些話，就總有說對的時候。如果運氣也是一種能力，那麼每個人都有一點。專家可以把各種預測結論，像埋寶藏一樣藏在時間線中，一百個預測中只要中了一個，就可以把當初預埋的結論翻出來，再廣泛宣傳，讓自己看起來格外精準。

我們往往看到了成功的個別結果，但不知道其背後的真正原因，以及為此所承擔的風險，也許我們只看到了冰山一角的成功，卻忽略了水面下大機率失敗的可能性。

我參加過某個投資講座。眾多成功者現身說法，臺上講得熱鬧，臺下反應熱烈。分享成功故事的演講者，不說自己是出身名門的天才，而是反覆強調自己出身貧寒，跟臺下的聽眾情況差不多。

一段易懂的故事，不見得可信

在熱烈氣氛的鼓舞下，將白手起家的致富故事聽下來，我們很容易認為，看起來不如我們，或與我們差不多的人尚且如此，我們一定有機會成功。

這種成功故事通常只有一條主線，其他可能性都被隱藏，或被告知可以忽略不計。成功故事被簡化為必然走向輝煌的旅程。主角不見得有能力，只是一根筋的相信自己能成功。突破的每一次磨難與堅持不懈的韌勁，都是後來鹹魚翻身的助力。

臺上的分享者掌握了講故事的權力，他們知道該省略什麼或強調什麼，將一些經過挑選的事實，連成一條誘人的金線。一個結構完整的簡單故事，加上致富願望的催化，就變成了「我選擇，我相信，於是我成功」。

為什麼我們會產生一種虛妄的幻覺，覺得聽個故事，就掌握了祕密？

我媽每天看短影音看到眼睛痛，但她仍樂此不疲，經常分享一些她看到的重要資訊，其中不乏道聽塗說的假新聞，但她的樂趣不在於辨別真假，而是分享本身。每個人可以隨時查詢並獲取一切資訊，這就造成了一種「我可以了解底細」的誤解。

4 survivorship bias，指過度關注倖存的人事物，從而忽略那些沒有倖存的，便會得出錯誤結論。

比如，我們遇到一點頭痛、發燒之類的情況，有時會上網搜索症狀，自己猜測和診斷，以為得了什麼大病；或者專業醫師診斷沒什麼大不了，我們卻懷疑他們的判斷。醫生說：「提前上網查資料的人，不比其他人懂得多，但他們會更偏執或自信，診斷後不信任專業人士，而去尋求其他替代性的治療方案。」

又比如，有些人聽了幾節金融課，在小額投資中嘗到了一點甜頭，會更容易升起迷之自信。他們加大投資力度，以至於「靠運氣賺來的錢，靠本事又虧了回去」，對內情的洞察力，靠短期的運氣碰巧所得，還是比不上長期的訓練。

如果靠搜尋引擎就能進入醫療業工作，或者靠幾個小技巧，便能掌握投資訣竅，那這兩種行業早就消亡了。可是，儘管這種假設被視為無稽之談，五彩斑斕的數位世界仍不斷製造誤解，讓我們誤以為似乎掌握了全部的祕密和可能。我們以為自己知道得越多，實際上也許懂得越少。一段容易懂的故事，並不見得可信。

為何了解越多，離真相越遠？

祕密，簡單來說就是資訊不對等。你知道了一個可以把握的線索，卻不知道全部底細，也不明白其中的厲害之處。比如，厭倦了城市生活的青年，看了介紹鄉村日常的影片，便想去鄉村定居，但我們看到的影片是團隊協作完成的，鏡頭中展示出來的「讓人嚮往的生活」也是一種故事。

鄉村故事不只有歲月靜好。如果我們住在農村，就會發現凡事都得自己動手，下大雨，屋頂漏水，要爬上去自己修。養雞、羊、鴨子，要自己準備飼料，牛糞和驢糞，聞起來很臭。至於種菜之類的農活，既要體力又要技巧，想當好農村人真的沒那麼簡單，因為人為編織的故事裡，農村看起來很美，但現實中的故事可能一地雞毛、狼狽不堪。

與此同時，不同版本的事實，也在隨時擾動我們的認知。總會有無窮無盡的消息湧現。這個人說了一個版本，另一個人講的是另一個版本，每個人都振振有辭、言之鑿鑿，又有可能以偏概全，讓情緒高於事實。

哪些是真的，哪些是假的？為什麼我了解的資訊越多，離真相越遠？如何應付資訊超載？哪些資訊具有真正的啟發性，哪些需要被懷疑和修正？

洞察意味著擁有一定的認知素養，可以篩選媒體上的資訊和知識，挑選有價值的內容，不輕易被講故事者帶動情緒。曾任波克夏·海瑟威公司（Berkshire Hathaway）首席副董事長的查理·蒙格（Charlie Munger）的辦法是：持續蒐集和研究失敗案例。他將失敗的原因，排列成做出決策前的「檢查清單」。失敗案例讓他清醒，並對自己的能力保持洞察。**決策必須在自己的能力範圍內，而不是在理所當然的成功故事之中**。[5]

我們被拋到了這個世界中。生活的實情是完整的，而精彩的故事省略或替換了飽含痛苦、失敗的內容。如果每個故事都是一個房間，我們也許僅待在一個房間裡，儘管四處漏風，卻還要維護一個完整的幻想。洞察故事，需要拋棄不切實際的浪漫主義，辨別其中哪些因素，是主動迎合我們迫切心願的因素。

在看到故事結論的時候，我們應該反思一下，那些我們自以為了解並篤定的事物，究竟對它們了解多少？這是一個好機會，還是偽裝成機會的故事？我們內心的衝動和願望，是否助推了盲目的熱情？

5《窮查理的普通常識》（*Poor Charlie's Almanack*），查理．蒙格著，李彔譯，商業周刊，二〇一九年。

3 看戲，但別入戲

有一位導演請來幾個十幾歲的男孩、女孩，請他們設想一個女人的動作和表情，並演出來。於是這些孩子扭動腰肢、動作浮誇，舉止不自然。孩子所扮演的女人，無論跑還是跳，笑還是哭，都很有「女人味」。

一番自我演示過後，導演問表演者：「你們真的認為女人是這樣跑步、拋球的嗎？……請問，女人真的是這樣的嗎？」這些問題讓表演者陷入沉思。

如果我們演女人且沒經過觀察、思考時，就會格外誇大某種刻板印象的因素，而在現實中，我們明知道大多數女性不會有這樣的行為舉止。一些女人愛哭愛鬧、弱不禁風，但男人中也不乏這樣的人。至於強悍的女人？我認識很多女人，她們比一些男人強悍得多。女人有可能很強悍，而男人有可能比女人更脆弱。從古至今，一向如此。

當我們表演女人、男人時，我們通常未經反思，演出一種通常故事裡的人物形象。當我們停下來想一想對男人、女人的印象時，也許會意識到這種想當然的社會認知，對自我觀念的影響有多麼強大。

為什麼應該？

某個夜晚，一位家庭主婦閱讀了《第二性》（*Le Deuxième Sexe*）之後，忽然開竅、反思並想要改變自己的生活。在那一刻，她才明白，女人不見得只有一套故事劇本，一切不是理所當然。

作者西蒙．德．波娃（Simone de Beauvoir）總結道：「男權社會是束縛女人的繩索，不僅是因為它的制度和權力，更多的是它給女人製造了自卑感，使女人認為自己不行，而且讓她們無休止的成為延續種族的工具，而不是一個真正的、自主的人。」「女人不是天生的，而是被塑造成的。」當女人擁有了這樣的洞察，就不再懵懂無知的遵從單一標準。一切始於女人理解了自己是故事中的人，故事並非一成不變，總可以有其他講法。

當然，我們也要反思男人同樣被故事塑造了。故事中的男人需要承擔責任、有所作為，不能輕易放棄，更別說流淚、求饒。腳本給男人分配了強者的角色。男人需要展現果斷的領導力，在關鍵時刻拿定主意、解決問題，即使沒有主意或者無能為力，也要努力為之。在這樣的角色指南下，一個男人如果缺乏韌性、無法處理棘手的問題，就更容易被嘲笑。在重壓之下，男人也許會假裝堅定、維持強悍，但精神已經逼近崩潰邊緣。

社會文化安排了故事中的角色分工。男人和女人分別活在應該的句子裡：作為女人，應該溫柔、體貼、賢慧，養育孩子，完成生命的意義。作為男人，我應該開闢一片天地，不斷挑戰自我、創造財富。

一個人不斷宣稱：「我是……我的本質是……」，本質這一說法，成了不容置疑的尺規。其實這一標準判斷，是被社會習俗賦予的一種想像。人們常說「我不得不」，但其實沒有什麼是不得不的，我們都在試圖理解和完成看似是這樣，卻並非一定如此的部分。

我們要依靠種種應該的說法，獲得生活下去的動力，但多數時候，「應該如此」也是我們的藉口。一個人不願意撤掉虛幻的尺規，怕失去生命的錨，自主選擇似乎更讓人漂泊不定。我們總談論應該，卻懼怕它。然而，我們必須問一下：「為什麼應該？」

腳本也要隨時代變化

在商業社會中，世俗化的性別標準又會被媒體強化，包裝成各種版本的消費故事，比如，我們可以看到商業文化中，女性形象經歷了怎樣的變化。

一開始，廣告中的女性角色，多是負責貌美如花的花瓶，或者是包攬一切家務、精打細算的賢妻良母。女性的自我意識提升後，廣告訴求又變成了「女人要對自己好一點」或「我值得擁有」。這種故事，實質上在引導女性，透過升級的消費寵愛自己，變成更好的人。再到後來，商業放棄了改變自己或追求更好的故事，轉而鼓吹「認同自己本來的樣子」，例如，某內衣廣告請來的女性模特兒體型、年齡各異，口號主張尊重一切身形樣貌。廣告主角對著鏡頭告白：「無論如何，『妳本來就很動人』。」

這些廣告包含與時代認知相匹配的故事策略，都在借用一種「覺醒了」的女性敘事方式，達成一定的商業目的。而一些大眾文化產品，針對未覺醒的觀眾，仍在製造含糖量很高的致幻劑，例如，專門給一部分女性觀眾看的熱門劇集仍然在架空現實，以「愛的本來面目」為名，製造了一大堆純愛樣本。這些劇集的故事強調的是偶然相遇、心心相印、命定緣分，宣揚人生中浪漫至高無上的重要。

《青蛙王子》（*The Frog Prince*）的童話故事中，王子落難變成了青蛙，然後靠愛情變回了王子。甜寵劇[6]的架構也差不多：霸道總裁遇險，情節不斷反轉，他與平凡女性墜入愛河。在這些故事中，王子的眼裡只有「我」，而「我」如此平凡。你可能會說，這些都是戲，可是總有觀眾入戲太深。

為什麼甜寵劇大行其道？因為對故事的需求引導生產，一些女性觀眾希望透過甜蜜的幻夢解壓，於是她們持續呼喚著簡單愛的故事模式。

為什麼古代的許多故事中，富家小姐看上了窮書生？因為這些書多是由古代的窮書生寫的，又是給其他窮書生讀的。底層男性寒窗苦讀，夢想有朝一日衣錦還鄉，迎娶白富美。如果現實中還做不到，就在幻想故事中滿足自己。

在各個時代，被塑造的女性或男性角色都帶著鮮明的文化印記，體現了人們對男女關係的某種幻想。小說家、編劇以及商人，根據最平庸的慣例，重複生產關於女人和男人的俗套故事。我們無法忽略其背後的驅動力，這些讀物與劇集始終還是有市場。作為大眾消費品，它們不需要多餘的解釋或鋪墊。這也是口袋小說長盛不衰的原因之一。

在揭祕愛情殺豬盤[7]騙局的紀錄片《Tinder 大騙徒》（*The Tinder Swindler*）中，一位受害者賽西莉（Cecilie）有這樣一段自述：「我認為生活就是愛。因為我最快樂的時光就是戀愛的時候。我對愛情的最初記憶是在迪士尼，我把《美女與野獸》（*Beauty and the Beast*）的臺詞全背下來了。我很喜歡主角貝兒，她和我一樣是個小鎮女孩，追尋更大的意義。」

賽西莉被偽裝成鑽石大亨的騙子西蒙（Simon）騙走了二十五萬美元。她上當的前提是她的心中從小就被植入了迪士尼愛情故事的模式。在動畫電影《美女與野獸》中，主角貝兒救了野獸，變回王子後的野獸，也讓貝兒擁有了不一樣的生活。

在知道騙局之後，賽西莉仍然無法調節自我，她說：「即使知道一切都是假的……我的手機裡依然有這個童話故事，西蒙的名字備註後面還有一顆心，因為我無法移除它。」

愛情殺豬盤不斷湧現，讓人付錢的騙人故事屢屢得逞，這一切揭示了我們生活在一個

6 以甜蜜愛情為主題的電視劇。
7 又稱浪漫騙局，指一類電信詐騙手段。

普遍缺愛的世界中，人們需要大劑量的感情化合物，以平衡心理。

在數位化的世界中，社群媒體更便捷，男人和女人的社交次數增加，社交活動變熱鬧，我們卻更孤獨。媒體上的故事創造的情感期待，與真實生活中獲得的情感差距太大。俗套的故事裡，公主和王子過著幸福生活。這種故事太深入人心，隨時把男人和女人拖回「追求完美、緣定終生」的老調子中。

一些故事裡的婚姻是十全大補的藥。男人和女人結婚，等於解決了一切煩惱：我們不再寂寞，有了安全感，又有穩定伴侶，還可以生小孩子，彷彿結婚一次性滿足了陪伴、財富、養育後代以及心理支持等各項人生需求。可是，哪有這種好事？在骨感的現實中，我們在找伴侶、滿足需求的同時，還要付出一定代價。

在熱門影視劇裡，命中註定的人忽然降臨，時機恰到好處。而在現實中，一些人選擇伴侶，就像在海灘上翻找漂亮的石頭，拿起一塊，看一看，再往前走，繼續找。之後又撿起一塊，覺得這塊似乎更好一些，於是把原來的扔掉，兩個人最後走到了一起，也許只是因為天黑了不能繼續找下去，而彼此手上又碰巧剩下這一塊而已。

看清故事，讓自己不陷入其中

為什麼我們如此相信浪漫故事？因為故事有明確的開頭與結尾，以及熱情。我們只要成為故事的一部分，就一定會為它辯護。無論男人還是女人，都在不斷講故事，為了創造自身的協調性，我們在尋找一種合適的敘事方式，讓自己的願望得以安置。

於是，我們都幻想在既定的故事模式中，存在著註定的緣分，進而期待一種無須回報、無條件、源源不斷的簡單愛，哪怕一切都是虛假的，上當的人仍然一意孤行，情願這場騙局能持續下去。對受騙者來說，比受騙更殘忍的，也許是故事的終結。

洞察故事，讓我們了解無論男人還是女人，都是被塑造出來的產物，我們調整角色身分，讓自己更符合故事裡的形象，同時卻心有不甘，總想升級角色。

我們必須明白，性別議題的推動者或故事的講述者，背後都是希望推動一套理念，並自圓其說。很多編故事、傳播故事的人，只是生產了一些方便販賣的棒棒糖，卻在糖裡藏了傷人的刀片。

洞察故事中的角色，讓我們不至於入戲太深、陷入瘋狂，也讓我們明白：太好的東西，得來不易。正如我們所談論的，在千差萬別的生活中，關於愛情或幸福的難題，從來沒有一套方案就能解決。

4 一個產品要攜帶一個特別的故事

設想一下，你站在路邊，身無分文，想要搭車去某地。當你尋求幫助時，你可以在一張紙上寫出你的訴求：

方案一：我要搭車去某地！

方案二：請讓我搭車吧，我要去幫我九十五歲的奶奶過生日！

前者僅陳述事實，後者則講了一個有人物、有感情的故事。每個人都有家庭，也都有奶奶，雖然不見得都九十五歲，但「看望奶奶」的訴求，一下子就能觸及人心，讓路過的司機心頭一熱，決定幫你一把。

又比如，中國大多數彩券行都貼著相似的宣傳畫，上面印著：「購買福利彩券，利國利民」，或者「買小彩券，實現大夢想」，但我發現有一個店門口的宣傳畫很特別：「你的銀行卡裡存著五百萬元，只不過你忘了密碼，試一次密碼，只需要兩元。」它巧妙的講了一個讓人心動的故事。

上面言之鑿鑿的寫著你已經有了五百萬元（這不是假設）。短短一段話，就將一個遙不可及的事，講得如此貼近我們。

大部分的人一定忘記過密碼。我們的切身經歷，讓「試密碼」的建議顯得更加值得一試。這就是**故事的力量，它將不起眼的資訊重新整合，使其擁有溫度，與潛在顧客共鳴，把他們拉到故事中**，而不是讓他們置身事外。無論是給奶奶過生日，還是取五百萬元，它們不僅是故事，還跟自己有關。

聽故事的人，不再依靠理性判斷，而是啟動感性模式，將自己代入故事。

怎麼讓人接受你的想法？講故事

講一個有人情味的故事，用一個能與人同感的好故事，可以提升溝通效率，因為「講故事的衝動，一直是追求某種生命協調的願望，敘事賦予我們一種最為切實可行的身分形式，即個性與共性的統一。」[8]

8《故事離真實有多遠》（*On Stories*），理查德・卡尼（Richard Carney）著，王廣州譯，廣西師範大學出版社，二〇〇七年。

在我們生活的年代，許多文化、宗教之類的宏大敘事失效了，人的天然歸屬感變弱了，我們的心靈容易處於混亂狀態。當代文化越來越強烈渴求敘事，人們想知道自己的感情和行動是否有意義，於是只好透過短影片、廣告標語、紀錄片尋求身分認同，在故事裡尋求連接、找尋共鳴。

想一想你還有印象的廣告吧！好廣告十有八九，都有一個關於人的感性故事。例如，某運動品牌邀請國際大牌明星代言。男明星或女明星面對鏡頭，並不宣揚自己的成功經驗，而是細數他們遭遇過的坎坷，講述自己如何克服、勇登顛峰，也有品牌反其道而行之，請普通人現身說法。有時候，普通人講自己的故事，效果可能更好。

比如某廣告，觀眾看到從遙遠的地平線上，由遠到近的跑來一個很普通的人，這位跑者大汗淋漓、速度緩慢、表情痛苦。他正拚盡全力朝鏡頭的方向跑來。這個故事主角不是職業運動員，也不是健壯的男人，而是姿態笨拙的普通人。這個故事的主旨是「每個人都有自己的偉大」，意思是我們不需要跟別人比，只需要比昨天的自己更好。今天多跑了一百公尺，盡了力，對自己而言就很偉大了。

某礦泉水品牌的廣告，是一些成年人在街頭照鏡子，鏡中的自己返老還童，變成兩、三歲的幼兒。於是一群成年男女對著鏡中幼年的自己鬥舞。

貫穿這個故事的主題就是活出年輕（Live Young）。變成小孩的成年人敢於冒險，可以胡鬧；敢於發聲，盡情表現。故事中人的純真，對應礦泉水水質的純淨，這個核心要素，也是大眾嚮往的情感特質。

文明世界的種種禮儀規則、都市裡人情淡漠的生活，限制許多成年人表達情緒。在看見廣告中鏡子出現小時候的自己，這一幕引起人們無限感慨：「多麼想返老還童！」活出年輕，回歸健康又有活力的生活——**礦泉水廣告著力表現的情感內容，包含對當代人生活狀態的深刻洞察**。

先打動人心，後感動人腦

我們可以看到，好的品牌故事背後都有平實卻深刻的洞察。運動品牌廣告中，我們不需要跟別人比較，鄰家的普通人也可以擁有自己的偉大；礦泉水廣告中，生活再複雜，我們都有機會返璞歸真，回到自己最初的樣子。這些廣告讓我們的心為之一動。**內心的改變，源於一個具體且有感染力的夢**。

這些洞察並不宏大、寬泛，也從不抽象。故事中的人物是具體的，他們的行動提供了情緒動力，喚起了觀眾心中的願望與情感。

當衣食住行的基本需求得到滿足時，人們就會寄情於全新的故事。除了提供功能價值，一個產品最好還要攜帶一個特別的故事，很多商品之所以被人喜歡，是因為其中的感情價值大於功能性。**一個好故事，首先打動的是人心（感性），然後才是人腦（理性）**。

如何讓故事先入心，喚起我們的感情？好的故事，一定和人有關。你可以設想一下，如果你收到兩封募捐信，一封寫著：「某地嚴重乾旱導致食物短缺，有五百萬名兒童正在忍饑挨餓。」另一封則這樣寫：「來自辛巴威的七歲小女孩伊莎朵拉，極度貧困，正面臨嚴重饑餓，隨時可能餓死。你的幫助將改變她的生活。」並隨信附上女童的生活照。

旱災、五百萬名兒童，此類事實和資料讓我們分析和思考，而帶有細節的故事及圖像卻觸動我們的感情，讓我們設身處地為一個特定的女孩——伊莎朵拉著想。又比如，某咖啡店講述的故事主題是地理即風味。從衣索比亞（Ethiopia）、肯亞（Republic of Kenya），到蘇門答臘（Sumatera）、爪哇島（Java），除了介紹各地咖啡的風味，店內還展示了種植咖啡豆的勞動者相片，讓顧客看見從「可持續農產品計畫」中獲益的具體農戶，而不僅是「全球咖啡社群中的一百萬人」這樣的數字。

無論「我要去幫我九十五歲的奶奶過生日」，還是「努力多跑一百公尺的普通人」，都是具體的人，在具體情境中的故事。無論拍廣告、短影片還是高成本電影，最後都需要落實到人身上。

即便是《冰與火之歌：權力遊戲》（*Game of Thrones*）、《魔戒》（*The Lord of the Rings*）、《駭客任務》（*The Matrix*）之類的大片，故事架構非常龐大、宏偉，其中要素仍需要能打動人心，角色得具體、可信。人物具有真實性，意味擁有優點和缺點，強大的角色也有弱點，快樂的角色也有憂鬱的時刻。只有透過這類角色，我們才能將自己的感性投射於故事中，藉此得到安慰、激勵。

具體故事和抽象說理，給人的感覺差很大。德蕾莎修女（Sancta Teresia de Calcutta）有一句名言：「如果我看到一群人，我不會有所行動。如果我看到一個人，我一定會去做。」商品或品牌，甚至一個國家的故事，無論多宏大，都要從一個小小的具體形象開始。

你不能用故事去看現實

無論新聞、廣告，還是遊戲或短影片，它們傳播的核心都是故事。如今，我們對世界的感受和判斷，幾乎是透過媒體傳播建立起來的，無所不在的媒體資訊，幾乎構成了我們賴以生存的故事環境本身。

在媒體講述一切的年代，我們不知道吃進嘴裡的米是怎麼長出來的，或者另一個城市的人是如何生活。我們只透過媒體的眼睛來去看待世界，這可能造成一種滑稽局面：我們喜愛媒體故事，以至於忘了何為真實。

我們看慣了卡通老虎，或動物園裡打瞌睡的老虎寶寶，只覺得牠們可愛，哪裡會知道真正的成年老虎其實會吃人？我們看電視，總覺得大自然很親切，有人去野外，下車想親近動物，結果被咬死。

也許很多人都不知道，熊貓生起氣來也很厲害；可愛的企鵝張開嘴，裡面長滿嚇人的倒刺。我們知道的，到底是某個媒體上的故事，還是現實世界中的真實情況？我們知道的可能只是故事的一個版本，或者一個側面。

廣泛流傳的故事往往結構簡單，也是我們偏愛故事而非真實生活的主要原因（生活太難，太複雜了）。偉大人物的形象、浪漫的情人，以及可愛的卡通動物身上，往往帶有我們不切實際的願景。這時候，我們更需要洞察講故事的策略，辨別其中的愉悅和浪漫到底有多少真實性。

值得一提的還有老闆畫的大餅[9]。老闆講述的故事往往是這樣的：「公司的前景廣闊，你將成為重要合夥人之一。」擅長講故事的老闆，還會添加各種誘惑細節，讓我們置身其中，幻想今後住在怎樣的豪宅裡，開著怎樣的豪車。

老闆講這個故事，只是為了少花點錢，讓我們多做一點工作。而我們喜歡這些場面，僅僅因為「這大餅有點香」。**讓人感到舒適的故事，就像吉祥的祝福**。

為什麼我們認為登上人生顛峰的故事有可能成真？也許是因為我們更喜歡故事裡的虛擬自我，甚至忘了真實生活中將面對怎樣的磨難和挑戰。可是，我們要過的是生活。生活和故事，畢竟還是有點差別的。

9 網路流行用語，指做出不切實際的承諾，並用花言巧語使人相信並為之努力。

第六章

當局者迷——全局的洞察

俗話說得好，「當局者迷」，意思是：如果我們陷入局中，過於考慮具體得失，反而更看不見問題。我的花襯衫上有個汙漬，如果我貼近看，反而找不到在哪裡，離遠點，才能看清汙漬與圖案的區別。

一個人意識到自己在世界上所處的位置與環境，才能確定自己的相對位置。我們在局中待太久，需要移步換景，開拓新視角，才有機會了解自己和世界的關係，在更開闊的視野中獲得新的洞察。

1 如果我是魚，是否能看見水

你聽過自己的聲音嗎？

還記得第一次聽到自己錄音的聲音時，我很驚訝，「這是我的聲音嗎？竟然這麼難聽？」跟我平時聽到自己的聲音完全不同。後來我才意識到，我聽習慣的嗓音來自內部（由頭骨內部傳遞），而手機錄製的聲音來自外部（藉由耳朵從外面聽見），聲音的傳輸能量衰減，從裡面、外面聽到的音色差異很大。如果世界上沒有錄音技術，恐怕我永遠不可能得知自己聲音的真相。

跳出自己，我才有機會了解真實情況，這對我們熟悉的環境，又何嘗不是如此？古人云：「如入芝蘭之室，久而不聞其香……如入鮑魚之肆，久而不聞其臭。」[1]這句話的意思是，我們在香噴噴的屋子裡待久了，就聞不到香味；在臭鹹魚附近待久了，也聞不到臭味。

---

1 摘自《孔子家語．六本》，「與善人居，如入芝蘭之室，久而不聞其香，即與之化矣；與不善人居，如入鮑魚之肆，久而不聞其臭，亦與之化矣。」

位置決定想法，**一個人總待在同個地方，看事情的角度和眼界會受到限制**，我們所處的位置，塑造了我們的基本觀念。

換個位置，會有不同發現

作為北方人，我第一次在南方過冬天，才發現暖氣並非天然存在。在陰冷潮溼的南方冬天，我穿多少衣服也擋不住由內而外的刺骨寒冷，有了這樣的切身體驗，我才知道南方冬日的不同之處。去外國，我發現英國人下雨天不怎麼撐傘；美國人不怎麼喝熱水（不是茶就是咖啡），而且喜歡偏軟的床墊；德國人拒絕接受整隻烤乳豬（整隻烤乳豬對他們來說是動物的屍體，而非豬肉）。在一些地方，你說喜歡 cricket（有蟋蟀、板球的意思），當地人會邀請你打一場板球；在某些地方，當地人會端上一盤油炸蟋蟀。

這些令人驚奇的發現，都是脫離熟悉的環境後，透過對比得知。身在其中，就只有內部的看法，如果沒有強烈比較對象，思想便會一直處在休眠狀態。如果把浸泡過冰水的雙手立刻放進常溫水，人們會感覺常溫水是燙的，不是新的環境有多麼特別，而是反差和對比喚起了我們的感受之心。一旦挪一挪位置，就會有很多驚訝的發現，反差，揭示獨特之處。

來自英國的記者波比・塞拜格—蒙提費歐里（Poppy Sebag-Montefiore）曾細膩描寫她來中國不久時，一次令她印象深刻的親密接觸：「一個八十多歲的男人從我身後走過來，用雙臂環住了我的腰。我轉過去，一開始覺得被冒犯，後來卻覺得困惑，因為他甚至都沒看我一眼，只是把脖子搭在我的肩上，望向演出方向。他緊緊的抓著我，對他來說，這樣做只是為了能站著看表演不摔倒。他像用自己身體的一部分一樣，借用了我的身體。」[2]

這位記者一開始感到憤怒，然後困惑，後來感到振奮，甚至欣喜若狂。因為一個老人可以用她的身體，幫助自己站著看演出，這個行為讓兩個陌生人的身體邊界消失了。她回憶在中國與他人觸碰的經驗：「這種觸碰使我既振奮又有些不適應。有時我覺得自己像彈力球一樣，在不同人之間彈來彈去、跳來跳去，被城市中不同的手臂推拉著。」

在公共空間，一些國家的人（也許老一輩更明顯）經常緊貼在一起，幾乎不分你我，他們很習慣人與人之間的界限模糊。在另一些國家，他們習慣保持一定的社交距離，大家可以愉快暢談，但不會輕易談論別人的年齡和收入。在社交場面上很熱絡的兩個人，其實只是關係一般的朋友，找老師問問題不能奪門而入，需要提前預約，甚至回家看望自己的父母，也要事先打招呼、約時間，這些都是歐美文化中保持社交距離感的表現。

透過對比，我們可以將思考延伸到社會文化領域，這種角度同樣有助於我們理解不同人際關係模式的差異。總結來說，我們對於身體擠在一起的容忍度較高。我們愛湊熱鬧，不

2《單讀二十六》，吳琦著，上海文藝出版社，二〇二一年。

介意擠在一起，於是，在傳統的熟人社會中，我們弱化了自我權利，人與人之間的邊界感模糊，集體主義的主張更有市場。當然，最近我們也可以觀察到新的表徵：年輕一代主張劃清自我與他人的界限，為了拉開距離，有的人甚至幫自己貼上社恐標籤。

我們所處的文化是一種「複雜的有機體」，長期生長在其中，就難以分辨其特徵，我們習以為常的事情，對另一種文化來說可能就是驚奇，反過來也如此。

有人說：「所謂旅遊，就是離開自己待膩了的地方，去看別人待膩了的地方。」長期處於熟悉的時空中，我們會按照習慣，應對一切事情，如此會缺少新發現，更別說洞察。只要離開熟悉的環境一段時間，比如離開家鄉，再回去時，我們就會對家鄉的風俗習慣更敏感，也會有不同判斷。

每次時隔一年回到東北老家，我都能更深刻感受到東北人的自來熟，及比其他地方更缺少社交距離的觀念。我走在哈爾濱的街道上，常有陌生人過來搭訕，有人會攔住過路人問：「你這衣服在哪裡買的？」在飯店裡，新來的陌生顧客會四下打量其他客人吃的菜，還會湊過去：「這菜是什麼，好吃嗎？」在東北，多數人不覺得這類言行不禮貌，而一些東北人搬到南方居住後，很多當地人都不適應這種東北風格，甚至感到不舒服。

在我們的回憶中，遠離的家鄉會形成一張更完整的圖畫。如同風景畫，只有在遠方觀看，才能把握景物和色彩的關係。貼近看，雖然逼真，但無法洞察畫面所表述的總體意圖。

中國導演賈樟柯有一段對家鄉的距離感描述很精準：「當我離開家鄉足夠長的時間，

住在北京、巴黎或紐約，就會對這片土地有不一樣的認識，開始能更加理解家鄉，理解人、社會、父母、同學的關係，理解家鄉的貧困。如果說今天我可以誇耀我的家鄉，那是因為我曾經離開。」[3]

所謂的文化衝擊，就是從我們熟悉的環境，進入陌生環境所引起的不適應，甚至排斥，但這種衝擊也會讓人興奮，並獲得更多有趣的發現。比如，我在前面提到的英國記者，見識了中國人身體上的親密無間，因為文化差異，她才感受到強烈的心理衝擊。外來者的洞察，彷彿戳破了窗紙，也讓我這樣的中國讀者眼前一亮。外國人寫的中國場面和細節，如此熟悉，又那麼陌生，我們生於斯，長於斯，卻沒有充分意識到這些現象的複雜意味。

魚看不見水，所以要先知道自己在水裡

身處局中的人，對周邊沒感覺，總覺得一切都理所應當。「魚看不見水」這件事，不僅與文化認知有關，還與自我的認知惰性有關。比如，讓大學生、上班族談自己，得到最多

3 《賈樟柯的世界》（*Le Monde De Jia Zhang-Ke*），讓-米歇爾．佛羅東（Jean-Michel Frodon）著，孔潛譯，廣西師範大學出版社，二〇二二年。

的答案是「沒什麼好說的」。我們都是普通人，做著尋常事，似乎無話可說，並非我們不願說，而是我們真的認為一切顯而易見，而且乏味至極。

如果想要獲得突破性的洞察，我們首先需要意識到我們現有的處境，跳到局面之外，試著將自己面臨的問題陌生化，把一些看不見的東西變可見，不可思議變成可思議，將隱藏或不具體的問題具體化，才有可能洞察並解決問題。

例如，我的學生覺得自己很了解年輕人族群，根本不用花力氣研究他們。然而，在他們以研究者的身分外出訪談後，才逐漸發現自以為很了解的年輕人族群，並不那麼簡單易懂，而是充斥著他們不知道的事情（known unknowns）[4]，他們開始從「知道自己知道」的盲目自信中走出來，並意識到：原來，關於我們自己，有些事情我們也不知道。

文化就是我們所處的環境。在裡面待久了，順從了規則，也就忘了規則的存在。「我知道」的潛臺詞是我認為我知道，其實我不一定知道。我知道的合理性，與我的位置有關，我們總是從自己現在的角度、立場去看一切，判斷一切。

如果不離開環境，人總會以自己想當然的參照系統評判他人，或者在他人的視角下審視自己。一旦離開環境，我們就更容易對我們所處的地方、面臨的問題、文化與習慣有更全面的理解。

對一種文化的洞察，是從吃飯、起居、待人接物等日常體驗的細節中獲得。對文化中的個體現象有所感受，會上升為一種洞察思考，「如果你想了解文化的意義，如果你想了解這種文化將什麼視為重要，是什麼讓它運作……你就必須關注個別，而非整體。」[5] 從具體問題出發，經過反覆多次、從裡到外切身對比，我們才會知道世界上有那麼多文化觀念、生活方式，各種現象之下的價值觀存在著巨大差異。

一九六八年十二月，太空船阿波羅八號飛往月球，實施登月計畫。太空人威廉．安德斯（William Anders）從空中拍攝一張著名照片——藍色的地球從灰色月球的地平線上升起。這張照片讓人們首次看到了地球的全貌。後來，這位太空人在一部紀錄片中說：「我們努力探索月球，而我們最重要的成就是發現了地球。」

人類第一次從外太空看到了地球的整體。在這個距離上，我們才建立了對於這個藍色星球的總體覺知，真正理解了四海一家（We are the world）的意思，也更明白人類的卑微與偉大之處。

當然，日常生活中，我們不見得經常要時刻去理解全人類，卻往往需要提醒自己：如果

4　最早來自兩位美國心理學家喬瑟夫．魯夫特（Joseph Luft）和哈里．英格漢（Harry Ingham）使用的周哈里窗（Johari Window），最初用來描述自我及與他人關係中的認知狀況。周哈里窗包括四象限：公開區（自己知道，別人也知道）、盲區（自己不知道，別人知道）、隱藏區（自己知道，別人不知道）、封閉區（自己和別人都不知道）。意識到自己不知道，意味著盲區不再盲目。

5　《如何像人類學家一樣思考》（*How to Think Like an Anthropologist*），馬修．恩格爾克（Matthew Engelke）著，陶安麗譯，上海文藝出版社，二〇二一年。

我是一隻魚，是不是仍能看見水？我們總在說話，可是我們是否真正聽見了自己的聲音？

既然理解人或事都需要一定的時空距離，那就給自己一個機會，跳脫自我視角，**我們需要離開，才有機會回頭，見識人或事更完整的面貌**。

2 心隨境轉，環境塑造行為機制

線上購物時，常有顧客抱怨：「我拿到的商品看起來跟圖片上的不一樣。」一個物品或一件衣服被描述成紅色，但拿到手裡怎麼看都是黃色，但我們也要知道，這也許並非故意而為，任何物品一旦離開了原來的環境，在不同空間下，看起來也不一樣。

一張照片的效果，取決於特定的光線、角度、構圖等選擇。同一個物品，可以被拍成千百種不同的照片。某一種商品被陳列在豪華櫥窗中，可以體現出奢華感。在特定燈光下，商品呈現華美的面貌，這跟特定環境有關，現場看這種高級商品，人們覺得好看，下定決心買下它，拿回家之後左看右看，總覺得不對勁，又不知道哪裡出了問題。

我們談論對事物的判斷時，不能離開它們所處的情境或場景。物品擺在哪、如何擺、周圍的環境與之形成何種關係，將影響我們對物品的認知和判斷。如果談到銷售，商品是什麼、怎麼樣當然重要，但它們的特質也需要能呈現在現實場景中，離開了環境，就無法判斷商品是否有競爭力。例如，飲料要賣得好，包裝和海報設計當然得引人注目，但更重要的是環境襯托，比如商品擺放在什麼位置上；與其他商品相比，它是否獨特醒目。

每一位進入零售店的顧客，都處於具體空間中，他們的瀏覽時間不多，步履匆匆，商品擺放的位置最好與顧客目光平行，原因很簡單，很少有人會彎腰找一個好東西，也很難在不起眼的角落翻出某件商品。

除了布置貨架，商家還要爭奪張貼海報的位置，不斷測試產品擺放效果，鑑定包裝的色彩及圖案是否具有很強的識別度，能第一時間引起顧客注意，並對其產生興趣，從而與競品拉開差距。

每個場景都設定了總體性與氣氛的基調。任何一種空間都會影響我們的心，在洞察場景時，我們會發現環境設置在提示並規畫人的行動。比如，門把要求被轉動；桌子邀請我們坐下來享用美食；醒目的指示牌明確畫出了路線，我們會順著它規畫的路一直走下去。

場景設定了規則，外來訪問者進入一塵不染的房間時，會格外小心維持屋內整潔，房間越乾淨，保持效果越好。我訪問過一家私立學校，學校的圖書館採光充足、環境舒適，校長向我介紹了場景規則——好環境引導學生進入狀態，他表示：「如果學生都不願意在圖書館坐下來，還談什麼學習？」又比如，在墨西哥，一個小村落的管理者，請來塗鴉藝術家，將兩百多間房屋刷成了五彩斑斕的彩虹屋，成功降低了犯罪率，也喚起當地居民對家鄉的認同感，讓他們更願意留下。

心隨境轉，意思是環境設定了規則，調動了我們的情感和行為。我們也必須意識到，在一些特定情境下，人的行動與選擇，與其說是由我們理性決定，不如說是被周圍環境引導，我們自以為很自由，所思、所想、所感卻被環境影響，因此，人們難以抵禦情境的誘惑，最好的辦法是盡可能遠離不當利誘，而不是試圖挑戰自我。

一切控制都是由環境施加的

事實上，情境或場景一直是個中性的概念，值得關注的是人們對於環境的反應——人們喜歡進入有系統的舒適環境。由新芝加哥學派創立的「場景理論」認為，場景由眾多舒適物及其相關場所構成，它不僅是各種舒適物的組合，更是體驗、意義和情感的載體。[6]系統的規畫搭建商業場景，是體驗經濟的基礎。

當去逛宜家家居（IKEA）時，我們搭乘手扶梯先到三樓走一圈，穿過廚房、客廳、書房、臥室等樣品屋，再到二樓挑選燈具、廚具、植物、生活用品等商品。在三樓，精巧舒適的樣品屋展現了宜家的全套意圖，它提供一整套家居的設計方案。

從空間設計規則上不難看出，宜家商場一直在鼓勵顧客多停留一會，到處摸摸、看看，坐上沙發，甚至躺在床上。在適當的燈光、音樂氣氛中，顧客與物品充分互動，與空間建立更緊密的連結，才更有可能有計畫外的消費。

6《旅遊學刊》〈深度解讀—國民舒適物〉[EB/OL].（2021-05-04）[2023-01- 14].

宜家商場想要利用環境設計告訴顧客：家是一整套設計方案。商場裡銷售的所有商品，不僅是單獨小物件，更是環境的產物。為了讓自己的房間像這裡一樣好看，我們需要採購更多配套產品並相互搭配，搭建出屬於自己特色房間。

另一個成功案例是蘋果（Apple）直營店。

蘋果直營店整體透明、寬敞明亮，就是為了鼓勵人們走進去，隨意看看，拿起最新產品體驗一番。顧客可以不帶有購買目的與工作人員交流。**蘋果直營店的價值不僅是銷售更多商品，首要目標是營造友好氛圍，吸引更多顧客進入**，讓每一家零售店都成為具有城市廣場風格的社區中心，讓民眾與蘋果設備互動，並在這裡度過一段愉快的時光。

高級商場的奢侈品店，普通人不願意也不敢走進，與此形成對比的蘋果直營店，卻是大家都樂意來逛一逛的公共場所。最新的電子產品，不能僅讓人隔著櫥窗看，利用場景設計，蘋果直營店建立了一種貼近日常生活的價值場所，我們從中看到了新零售、新消費普遍實施的場景策略：透過空間和關係的設計，整合線上、線下資源，建立更多場景，讓顧客在其中停留並獲得感受，為產品重新賦予情感的價值和意義。

比起一切以產品為優先的舊邏輯，新零售與消費的邏輯是：先有場景，再有產品。新消費用一種設計美學構建系統化的環境，進而為顧客呈現全新生活方式的系統性提示，推動我們熟悉的產品進行再升級。例如，當我們走進蔦屋書店，就會發現它不僅是書店，更是複合式的生活文化空間，在這裡可以感受到藝術和生活之美。蔦屋書店不僅傳播文化，也為顧客提出「如何生活」的全方位建議。

對於生活提案，蔦屋書店創始人增田宗昭的解釋是：「展現充滿活力的生活印象。」一蔦屋書店的生活提案以圖書為基礎，將它們與不同物品組合，讓一本書或幾本書連接其他商品，形成一種生活方式的提示。例如，銷售美食的書籍旁邊陳列了成套的高級廚具、酒具、紅酒等。

在這種環境中，物與物的關係、物與人的關係，都超越了商品本身，而書店場景至少提供了以下兩種額外價值：第一，審美。我願意在這裡，這裡讓我感到舒適，我可以在這裡消磨時間或社交。第二，意義。我感受到的不僅是美，這些物品和環境，對我的物質和精神生活都做出了貢獻。

哈伯瑪斯分析城市咖啡廳時，也擁有類似觀點。咖啡廳不僅是提供咖啡和食物的地方，市民會為了談天而到咖啡廳相聚，於是，咖啡廳透過場景規則，創造了文化意義，人們從吃飽到吃好，再到吃得健康，現在要吃得有趣、有意義。在對新消費的洞察中，無論經營飯店還是書店、咖啡廳，經營者的理念都有了轉變，用創新場景提供新的趣味和意義。

洞察環境，意味著我們需要關注情境與人的關係。任何人造場景都包含一定的引導規則，而特定場景也生成了一種特定的行為文化。

行為學家史金納（Burrhus Frederic Skinner）在《自由與尊嚴之外》（*Beyond Freedom and Dignity*）一書中提道：「一切控制都是由環境施加的，因此，我們接下來要做的是設計更好的環境，而不是更好的人。」雖然這種環境決定論的說法有些武斷，卻也告訴我們：環境規則塑造了我們的行為機制。

我們引以為豪的自由選擇，往往受制於環境規則。我們有可能在自以為自主、自願的情況下，被環境控制了。

3 每個母親都有力不從心的時候

有一次我跟醫生朋友聊起，為什麼一些不抽菸的女性也會得肺癌。醫生告訴我，廚房油煙是主要誘因之一。當食用油加熱到一百五十度時，甘油就會產生以丙烯醛（Acrolein）為主的油煙；如果達到兩百八十度左右，所產生的油霧凝聚物更是導致細胞癌變的重要因素，高溫油煙包含大量有害化學物質，長此以往，就會提升炒菜者罹患肺癌的可能。

炒菜時打開抽油煙機，用最大風力排煙，能減少吸入有害物質，可是，為什麼一些主婦不開抽油煙機？有人解釋，「主婦炒習慣了，覺得這點煙沒什麼」，如果進一步了解，我們會發現，一些人會為了省錢，而減少打開抽油煙機，另外還有一個讓人難以預料的原因——主婦炒菜的同時，有可能在照顧小孩。

抽油煙機聲音太大，媽媽難以聽清楚孩子的聲音。如果僅盯著主婦在廚房的任務，而不了解她們的生活，就無法對她們的處境做出準確判斷。

每個人的生活，都由不同場景和多重任務組成。這些場景和任務都是疊加的，主婦炒菜時要注意小孩；陪孩子玩耍時，可能在安排工作行程。我在談論一些朋友時經常感慨，「當主婦不容易，簡直讓人絕望。」

為什麼？就像談論抽油煙機難題一樣，洞察主婦，需要將她們放在整體環境去理解她們。她們的生活是由工作、家務、育兒、社交等多種場景交織組成，媽媽們的憤怒和無助感，也來自於此。我們想理解她們的行為和情感，就不能僅盯著表面原因。

年輕主婦面臨職業上的挑戰，育兒也讓她們不堪負荷。事實上，只有少數人能同時扮演好多個角色。處理好複雜局面，有時候並非只出於一個女人的能力或努力，還有好運氣：家人健康、孩子懂事、有通情達理的長輩幫忙、存款充裕、可以請外援。即便如此，還是有許多地方需要主婦操心。

育兒被當作女性的天職。所謂天職，意味著做好這些事情是應該的，而出了問題就是有罪。在兒童教育方面，女性面臨的經常是一項孤獨的任務。很多人吐槽的「喪偶式育兒」，意思是父親在孩子的成長過程中經常缺席，有一位母親這樣解釋：「孩子的爸爸突然出現，有興趣時就逗孩子玩一下，之後又消失了。」

辭職回家，成為全職主婦，也不代表女人可以享受輕鬆生活。一種生活形態一旦被當作輕鬆，就很難真正輕鬆。周圍的親戚朋友有可能以為，全職主婦過著一種養尊處優的優渥生活。實際上，她們要付出更多，卻被當成理所當然。「女性在家庭中的工作，被隱藏在她們作為人妻和人母的性別假定面紗之後……彷彿女性在家庭中的無薪勞動根本不算工作一樣。」[7]主婦需要面對的家庭事務繁多，但它們缺乏挑戰性，完成後也很難獲得成就感。

做家務、帶孩子有什麼難的？在家待著能創造什麼價值？這樣的追問，無論來自外界還是自己，都困擾著主婦的內心。低價值感的評價，會內化成一種自我懷疑，自責和內疚會一起出現：「沒能做一個足夠好的媽媽，也沒有平衡好自己的生活。」

要從一個環境去看問題

另外，主婦的自我認知發生了變化。

越來越多女性擁有獨立生活的經濟能力，受教程度高且頭腦清醒，不再對男性言聽計從，不再認為一切為家庭的付出都是理所應當。在訪談中，我們了解到，三十多歲的女性都有相似的言論：「希望擁有屬於自己的時間和空間。」可是，週末來臨時，她們仍然需要優先應付一週累積下來的家務，外出採購生活用品，陪伴孩子、照顧老人，以及處理不可預計的瑣事。如果因為各種原因孩子無法上學，那就會讓本來就複雜的生活更忙亂。

主婦為何絕望？因為她們面臨壓力。內疚、羞恥、委屈、焦慮、恐懼的感受總是一起湧現，而且她們意識到生活不該如此，卻不知從何處改變。心靈雞湯失效的主要原因，是缺

7　《看不見的女人》（*The Sociology of Housework*），安・奧克利（Ann Oakley）著，汪麗譯，南京大學出版社，二〇二〇年。

乏對人們的全域處境的洞察。女性遭遇家庭與社會的不理解，以及職場上的不平等，無法平衡時間和精力。在這樣的局面下，她們不可能僅靠「加油」來解決問題。**女性的結構性困境需要得到全面性的理解，而不是只一味的鼓勵她們勇敢面對。**

在家庭中，需要結構性洞察的不僅是主婦。每個人的情緒或動作，都依託於許多背景因素，我們都要面對不同的場景和任務，而這些事情往往與我們的想法有所衝突。

現代生活讓我們不斷產生期待，卻難以達成期待。比如，我們總在幻想，我家的生活可以變得更好，我要賺更多錢，解決更多問題，可是往往事與願違。男人也一樣，男人表現得果斷與強硬，卻往往外強中乾。他們試圖扮演更厲害的角色，可架不住危機四伏。他們經常提醒自己不遷怒，可是往往越壓抑情緒，越顯得不正常。耐心不足、脾氣很差，也許只是由於他們對自己無能為力。

男人、女人都不容易，生活在一起，還要經常演出「都是為你好」的苦情戲，可是雙方都不見得買單。彼此忍辱負重，缺乏適當表達，又憋了一肚子委屈，在有機會改變時，雙方都沒有做出調整，以至於矛盾積重難返，雙方關係惡化。夫妻二人在面對家庭衝突時，都會感到十分無辜，「憑什麼我要受你的氣？」可是，如果雙方繼續講下去，接下來就是，「我比你煩……我忍你很久了。」

下班時間，如果去地下停車場看看，你會發現很多人坐在車裡玩手機，不上樓回家，為什麼？「我們家氣氛還不錯，但我還是喜歡坐在車裡待一會。」朋友告訴我他的想法：「那是我一天中最自由的半小時，也是最享受的半小時……留給自己一點時間，不想被任何人占領。」這個體現了當代家庭生活的無奈與孤獨。

我們不回家，不見得有具體原因，甚至不是因為不滿，說起來生活中的問題，很多都無解。當代人要面對的是一種整體的困境。我們的工作不見得會帶來成就感，往往競爭激烈、人際關係複雜、經濟收益朝不保夕。家庭並非我們預想的那樣，是個毫無保留的呵護我們的安樂窩。如果我們完全釋放情緒，對家裡人來說也是一種負擔，於是我們隱忍不發，才有了難以解釋的一聲嘆息。

人不可能活在真空中。我們在評價他人時，往往忽略了人們處境的複雜性。男人、女人，都需要適應生活處境的變化。我們需要搞懂他人的處境，同時也試著將自己情緒背後的問題描述出來。

有人提議，重要的是不要龜縮起來，就算有些羞恥，也要把心打開，向他人求助。接受自己的脆弱，向他人訴說心聲，甚至說句「請幫幫我」。**自我封閉會導致我們深陷各自的困局，雙方越來越難以溝通，時間一長，甚至不知道問題該從何講起**。

洞察全域，意味著我們（無論男人還是女人）都站在更寬闊的平臺上，相互把握對方生活的全景。雖然我們面臨的難題不見得總有答案，可是領會各自所處局面的複雜多變，總會讓彼此多一些耐心與理解，從而相互支撐。

4 哪有那麼多便宜可占

前幾年，我和朋友一起去遊覽南方某著名寺廟，廟裡香火鼎盛，大家都在為各自的願望祈禱。我們在院子裡聊天，朋友問我為什麼不祈願，我說：「我不想祈求什麼。準確的說，因為我還沒想好願意付出什麼代價。畢竟，這世界上，沒有什麼事是只得到而不失去的。」

過了一會，我反問他：「如果你迫切想要得到什麼，你願意付出什麼代價？」朋友很詫異的看著我，我解釋：「如果你的願望是發財，你能接受什麼代價？比如，晚上失眠怎麼樣？胖十公斤如何？你能接受嗎？或者發了大財，代價是嘴巴永遠吃不出味道？」他覺得我的假設過於誇張，可是發財這件事不會莫名發生。

我們要得到一些成果，總要拿東西去換。有人說，我們前半生是在用健康換錢，餘生又在用錢換健康。雖然交換沒這麼簡單，可是每個人總歸要有所付出。而我們祈求的總是好的都歸我，壞的不要來，需要很多，卻很少想代價。

比方說，很多人浪漫小說、電影看多了，就特別期待一段轟轟烈烈的愛，但這不是你想要就能有，再說，如果熱烈的愛火真的燒起來，你也不見得承受得了。

又比如，人人都喜歡大又好看的水果，價格低、量又足。水果又好又便宜，這可信嗎？快速養殖的雞和鴨，價格低，但營養和味道不會太好。一種樹如果長得太快，相應的品質上會有損失。木質硬的樹大都生長緩慢；軟木長得快，但容易裂、不耐火。尤加利樹生長週期非常短，經濟效益也高，可是它吸光了周圍的地下水，導致泥土水分含量下降，土地沙漠化。尤加利樹有霸王樹的稱號，能在短時間內將肥沃的土壤變成沒營養的貧瘠之地。

快速得來的，難以持久；快速喜歡上的事物，熱情也退得快；很容易學會的，更容易忘記。一些書難讀懂，每一段話需要反覆看幾遍，琢磨半天才搞懂意思。可是一旦讀懂，就真的有所收穫，受益更久。人們都在追求快速掌握，但這樣都不夠深刻，大家說知識要變成順口溜，但它無法包含有深度的內容。在學習過程中，只有當我們遭遇問題、感到不理解，學習變得艱難時，我們才有可能觸及真正深刻的部分。

無聊不見得比焦慮好受

不可兼得，反映了這個世界的平衡。通俗的說，沒辦法白占便宜，看起來完美的狀態，都有需要權衡的另一面。比如，我們羨慕自由自在。一個人看起來很自由，但也要面對相應的挑戰。自由職業者看起來不受限於工時，但通常需要不停工作，而且接案不能挑三揀四，還要追著甲方的屁股要薪水。

單身的人更自由嗎？他們需要應對無數孤獨時刻。這些寂寞時刻並不是自己可以選的，可能在最需要陪伴的時候，他才意識到擁有親密關係的重要。一個人看起來自由，也有可能陷入另一種困局。

發財似乎是個不錯的追求。我們為了吃飽去賺點錢，雖然不太樂意，但為了錢、為了生活，也不失為好的藉口。對很多人來說，上班是個負擔，但也讓他們睡醒了之後有地方可去、有事可做。有錢人獲得了財富自由，但他們要面對生活意義的問題。

若為了溫飽奔忙，我們就很少去擔心人生意義的問題。當有了錢，沒有被迫做什麼事的壓力時，無意義感會成為一種真正的挑戰。**當沒意思成了無法逃避的煩惱時，無聊不見得比焦慮更好受**，因此，哲學家亞瑟·叔本華（Arthur Schopenhauer）才會這樣總結生活的困境：「人生就像鐘擺，在焦慮與無聊之間搖擺。」

洞察沒有萬全策略的局面，明白「蘿蔔快了不洗泥」[8]的情況，有助於我們審時度勢，不故意忽略「代價」。

任何商品、項目或人，都是由價格、速度、品質組成的三角形。花錢少、速度快的產品或專案品質不行；品質好、速度快的價格會高。時間（效率）、成本和品質，這三個最多能做到兩個。這種三角形的矛盾狀態，被稱為「三元悖論」[9]。

如果企業聘用一個員工，不可能讓員工同時滿足三個條件：工作能力強（品質）、特別能加班（時間）、工資低（成本）。在國際金融學中，該原則指一個國家不可能同時達成：資本自由進出、固定匯率、獨立自主的貨幣政策，最多只能同時滿足兩個目標，而放棄另一個。

如果我們選購房子，提出要求時不可能三者兼顧：環境好（品質）、配套好（時間）、價格低（成本）。一份投資不可能全面：資金流動性好、回報高、安全性高。產品的一種優勢，也意味著一種妥協，方便攜帶的電腦，一定程度上犧牲了運算能力及散熱功能，手機輕一點可能就不太耐摔。

找出你能給的代價多寡

我們可以多想一步，哪有那麼多便宜可占？所有選擇都處在關係的框架下，各種因素相互牽扯。我們談論代價就會隨時洞察到，看起來完美的，可能都是陷阱。很多時候，一種組合看起來越完美，越不可信。如果一個人看起來很優秀，他就可能有你所不知道的缺點。

為了得到好處、占到便宜，我們會付出額外代價，比如，免費內容看似不用錢，其實是用注意力資源，甚至資料換來的，我們留下的資料痕跡，或者出讓的電子設備許可權，讓我

8 指生意人在賣得好時，往往就不考慮商品外觀和服務品質。

9 不可能的三位一體（Impossible Trinity），又稱三元悖論（Mundellian Trilemma）或蒙代爾三角。

們的個資也變成了商品的一部分。

為什麼很多使用者選擇付錢買服務？因為付費之後，用戶可以要求相應的隱私保護，而不是忍受隱私被剝削。這種規律同樣適用於制定規則，任何規則都不可能十全十美，我們必須學會權衡，把握一種維持運行的平衡尺度。例如，如果交通規則寬鬆，就有可能造成事故，可不可以更嚴格一點？有可能，但代價是很多人沒辦法開車上路。

世界上存在各種風險，爬山可能摔落山崖，或者遭遇雪崩；海裡游泳可能遇到鯊魚，在河裡游泳可能陷入漩渦，可是，我們也不可能完全禁止有風險的事情，只需要明確知道有此風險。

任何事情都有風險，絕無風險也會衍生出別的代價，因此，提出任何主張時，都需要**洞察平衡，明白我們可以付出的最大與最小代價**。

我們洞察了代價，也就能更好的評估選擇。當我們站在岔路口，猶豫往左還是往右時，我們迷茫的真正原因是什麼？是哪邊都捨不得。

比如選伴侶。我看見一位候選人很勤快、很會照顧人、會做飯，但不懂我的喜好；另一位很懂我，愛好也相似，但沒辦法一起生活。兩個人的優點要是能結合就好了。再比如選工作。一種工作穩定、錢少、無聊；另一種工作有挑戰性，但是需要付出努力，也要為超出預期的成功承擔較大風險。兩份工作的優點能結合嗎？

你想成名嗎？成名後，你說話有人認真聆聽，有人為你鼓掌，你變得很有存在感，但如果不小心說錯話，大眾會批判你；甚至犯了一個小錯誤，你就會陷入輿論漩渦。

天下沒有白吃的午餐，這句話的意思是任何事情都有代價，只不過有的我們視而不見。多種好處不可能完全重疊，如果我們只談願望，不談風險，那就是痴心妄想。追求一種好處之前，我們要考慮哪些後果可能是我們不願承擔的，如果要捨棄一個或者兩個好處，要怎麼選擇？

第七章

規則的洞察

避免自己格格不入——

為什麼同一個笑話，換個場合就不好笑了？為什麼跟胃口好的人吃飯，會提升我們的食慾？為什麼我做了不少工作，卻沒有升職加薪？為什麼人們寧可買咖啡和蛋糕，也不肯花錢買書？這些答案都跟規則有關。

規則是我們衡量、判斷的標準，洞察規則，我們才有可能明白生活與工作的規律，避免讓自己格格不入，如果能識別其中的機會，便有可能獲得更大的價值。

1 開玩笑要看場合

最近幾年，各地流行脫口秀表演。什麼才是好的脫口秀？曾有喜劇演員跟我分享演出體會，「要想獲得更好的演出效果，需要理解線上、線下的規則差異。」

在現場表演中，脫口秀演員與現場觀眾近距離交流，可以即興發揮，與觀眾充分互動。小劇場氣氛溫馨融洽，觀眾情緒更容易被帶動。觀眾買票進場，就是來找笑的，在小場地中，人們的笑聲更容易傳染。

相比之下，線上脫口秀節目難度很大。觀眾透過螢幕觀看演員講笑話，因為置身情境之外，情緒難以被感染，因此，我們看節目時，可能不覺得有多好笑，而錄製現場的觀眾卻哄堂大笑，也許現場的笑聲並非節目組刻意安排，只是笑的規則使然。

在小劇場中，演員可以輕鬆互動，以及用在地話題緩慢暖場，而網路節目的笑話需要兼顧來自五湖四海的觀眾，話題需要更明確、直接，笑點最好一個接一個。

我們看到，場景不同、觀看方式不同、互動方式不同，大眾的笑點規則差異巨大。換個場合、換另一群聽眾，本來好笑的笑話忽然失靈了。聽眾的笑點不同、講話的時機不同、節奏不同，效果也會不一樣。由此可見，評價笑話的效果從來沒有絕對意義上的標準，要看笑話與場景、媒介的匹配程度。

你笑了，代表你接受邀請

文化學者莫伊拉・史密斯（Moira Smith）提出，笑話是講笑話的人，邀請聽者進入的一種「幽默的話語模式」（humorous discourse）[1]。在幽默的話語模式中，一個人講笑話，另一個人笑了，就代表接受了邀約，雙方遵從同一種交流規則，並依此建立了幽默的對話。

老闆講了個笑話，辦公室裡所有人都大笑，只有一位女士沒有。老闆問：「怎麼了？一點幽默感都沒有了？」女士答：「我不用笑啊！我過兩天就離職了。」老闆的笑話不好笑嗎？也許有點好笑，但這位女士拒絕接受幽默的邀約。其他員工配合老闆的談興，想表示友好，女士堅持不笑，也許她更希望老闆遭遇冷場，甚至當眾出醜。

幽默規則的前提在於接受幽默的規則，即參加交流的人不求事實（或者說，不首要追究事實），僅享受滑稽效果，在語言的矛盾中找樂趣，而不是跳出來冷眼審視。

在中國相聲演員侯寶林的著名相聲裡，一個醉鬼想要順著手電筒的光柱爬上去，如果聽眾質疑故事的真實性，接下來相聲就沒辦法演下去了。如果有人問：「你講的符合事實嗎？」這個笑話就不成立了。幽默規則需要雙方接受。笑話無法被拆解，更不能被追問，如果我們反思事實，一本正經的反思問題、挑毛病，就跳出了幽默規則。

笑話的效果，還取決於笑話的背景。為了避免笑不出來的尷尬，我們最好能了解背景資訊。比如，每次我複述周星馳電影的滑稽段落，只要我提到開頭，就有人跟著我笑，他們會笑，並非我的描述多有趣，只是因為臺詞引發了他們的聯想，勾起了他們的快樂回憶。

在講笑話時，講者和聽者需要達成默契或基本共識。如果一部分人不熟悉講者分享的笑話背景，就只能尷尬的看著他。

講課時，我也常用一些講笑話的技巧，效果不錯，可是，我心裡有數。大家是來上課，不是來聽笑話的。同學們對我的笑話很寬容，畢竟我們在上課，同學們並不會期待笑話有多好笑。

如果大眾花了錢、時間，特地來觀看專業表演，標準就會不一樣，結果也隨之改變。職業喜劇表演者必須讓觀眾發笑，否則他們的存在就沒有意義。在開場前介紹：即將登場的這一位是幽默大師，這樣的預告進一步提高了期待值，「千呼萬喚始出來」的隆重預告，讓觀眾十分期待。對好笑的期望，也意味著更高的逗樂難度。

期待喜劇表演特別好笑，往往會讓人產生失落感。不知名的演員登臺，人們的期望值

1 SMITH M. Humor, Unlaughter, and Boundary Maintenance [J] . Journal of American Folklore, 2009, 122（484）: 152- 155.

不高，演出效果往往更好。又好比外國人講中文笑話，即使講得有點蹩腳，大家也覺得好，因為我們對說中文的外國人更寬容。

我們的觀看期待隱含著評價標準，標準苛刻就難以滿足；標準靈活，更容易超越期待。我們可以明白設定規則的關鍵：參與者期待越高、標準越明確，越難以滿足。

利用認知衝突，激發思考

我們談論的洞察期待，不僅可以用在評價笑話上，也適用於更廣泛的藝術與文化領域上。如果觀眾對一部獲獎影片過於期待，觀看後覺得效果沒有達到預期，便有可能給出負面評價。如果出版商過於誇張的宣傳一本新書，讓平時不太讀書的人，或非目標讀者也參與了購買和評價，這本書的評分可能更低一些。

預期視域（horizon of expectation），是指藝術欣賞者在進入接受過程前，根據自身的審美經驗、興趣等，對文學藝術物件的預先估計與期盼，換句話說，我們在聽到、看到一部作品之前，內心會先預期結果。

觀賞期待與結果的反差，會製造認知衝突，讓觀眾覺得無所適從、莫名其妙。不過，這種顯著反差，也有可能為觀眾留下更深刻的印象。

一九一七年，藝術家馬塞爾・杜象（Marcel Duchamp）要求把一個小便斗作為藝術品放進展廳，這個行為讓大家很驚詫，也成為藝術史上的重要事件。

一個小便斗本身不會讓人驚奇，驚奇來自要求把小便斗放進展覽廳，這類行為在杜象之前很少發生過，小便斗這種東西放在廁所最適當，如果扔在路邊，就會被人當成垃圾。

將不屬於展廳的小便斗放進藝術展覽館，之所以聽起來荒謬，是因為這一行動，擾亂了參觀者對藝術的觀賞期待。合乎標準的作品，不會讓人疑惑，與環境格格不入的展品，對藝術規則發起了沉默的挑釁，帶來了意義的反差與衝突，如此激起人們思考什麼是藝術。

「藝術展覽館裡的小便斗」，啟迪了一大批當代藝術創作者，替他們提供了一條新的創作路徑：不改變事物本身，而是改變物品或是符號所處的地點，就能創造全新的意義。美國藝術家安迪．沃荷（Andy Warhol）將當年隨處可見的康寶湯罐頭、可樂瓶、瑪麗蓮．夢露（Marilyn Monroe）的照片等流行圖像重新複製加工，放進美術館，也延續了杜象的挪用方法。

誰說美術館只能擺放神聖、完美的藝術品？任何被挪用的物品，都會被環境和空間規則影響。藝術家為人們熟悉的現成品換了一個場景，也就換了一種規則，把物品放在不熟悉的位置上，就能創造一種戲劇性的衝突，飲料瓶這類日常消費用品，也能變成藝術領域的反思物件。

物品的意義衝突，也出現在跨文化傳播中。比如，國外網路商店銷售中國痰盂，宣傳圖片上是印著鴛鴦、喜字圖案的紅色經典款式，痰盂樣品被擺在餐桌上，盛裝紅酒、水果、麵包等。中國人看見擺在桌上的痰盂覺得滑稽，甚至聯想到了難聞的氣味，但轉念一想，噁心、滑稽之類的感受又是從何而來？

文化語境為我們定義了一個物品或一種形象。在特定文化背景下，我們認知的累積形成了審美慣例。一種東西被挪到另一個位置上，經過文化和時間的雙重跨越後，其本質就發生了變化。

我看到一張網友發布的圖片，在義大利超市中，有個牌子上面寫著：尊敬的顧客，請您不要再敲西瓜了，它們真的不會回應的！我們在市場敲西瓜，十分常見。可是在義大利，敲西瓜就像個行為藝術，他們以為敲西瓜是在跟西瓜交流。

回到之前談論的關於笑話的話題。有人說，開玩笑要分場合，不然會引起尷尬。自以為聰明的笑話，其他人也許不以為意，甚至厭惡，同樣道理，做藝術也講究場合，場合也是規則。嚴肅的事情，換個場景，就是個笑話。一塊磚、一張椅子，這些日常物品被放在聚光燈下，或放置在展臺上，意義也會不同。

如果我們按部就班，照顧場合順應規則，大家都感到舒服。如果我們出人意料、打破規則、製造衝突，就是在挑釁規則。觀眾可能搞不懂這是在幹什麼，無法信服。強烈的衝擊，有可能引起厭惡，也有可能創造令人難忘的記憶點。

2 工作的本質是價值交換

初入職場的年輕人時常抱怨：「我為什麼要做那麼多事？」、「我沒賺多少，也沒多高的追求，做完這些事就差不多了吧！在公司忙裡偷閒，我就是占到便宜了。」問題是，過了一、兩年，新職員不再是新人時，他們也不會減少抱怨，他們跟公司的問題還是沒有解決，不理解公司的評價標準，不清楚職業的價值何在，這樣下去只會讓人更鬱悶。

無論從事怎樣的工作，我們都要**洞察公司和職業規則**，並在其中找到自己的最佳位置。隨著時間的推移，**透過行動逐漸拓展自己的上升空間，而不是越走越窄**。

選工作，就是在選規則

我的第一份工作是在廣告公司寫文案。剛入職的時候，我的看法是，只要稿子按時完成，品質過得去，完成總監交代的工作，就萬事大吉。

但經過一番折騰，我才明白，我的工作目標不是讓部門總監滿意，也不是讓老闆覺得不錯，而是讓客戶滿意。再後來，我知道滿足客戶也不是最終目標，最終目標是讓客戶的客戶——我所服務品牌的消費者買單。

我需要幫助客戶解決他們的市場和用戶問題。

我的創意不僅要用得上，還需要在市場上起到實際作用。我學著站在客戶的立場理解市場狀況，尋找他們聽得懂的溝通方式，讓他們認同我的創意，只有我們共同解決了實際問題，客戶的生意越做越好，公司才做得下去，只有客戶相信我們是一夥的，我的價值才能真正體現出來。

這是我了解到的專業諮詢，或服務公司的基本規則。對專業人士的職場評價指標可以總結為一句話：解決客戶問題的綜合能力。**如果一個人能更聰明的鎖定客戶問題並解決，就可以晉升，並獲得更廣闊的職業選擇空間**。

世界上的企業類型眾多，規則也並非只有一種。

有些企業規模龐大、層級複雜，其規則就是更看重員工的態度，而不是工作效果。有的主管喜歡部屬忙碌，只有晚下班的員工，才會被認為工作態度好、積極肯做事；有的主管注重社交能力，八面玲瓏、會拍馬屁、擅長見風使舵、會察言觀色……這樣的員工可能如魚得水。

選工作，就是在選規則。如果意識到當前的工作規則無法適應，要麼趁早選個更適合自己的環境，要麼儘早認清形勢，充分利用規則，主動出擊。

老闆花錢買你的價值

如何了解規則？我們可以觀察一下，公司或部門裡哪些人晉升；哪些人沒有變動；哪些人做不下去，被迫離職。一般來說，公司的裁員標準都很誠實，比如，一些大企業會先裁掉工資較高、可替代性更強的。

可替代性容易理解，但在不同組織中，可替代性的內容並不一樣。在一些企業中，它指的是業務能力，如果你從事銷售工作，不可替代的，就是你所掌控的客戶名單，但在另一些企業中，會做人也可能是一種不可替代性。

有學生問我，畢業之後，有幾個機會擺在眼前，要如何選？我跟他說還是要看你自己。選企業，就是選行業、規則，也是選擇自己的發展方式。公家機關、學校、外商、互聯網大企業，或初創小公司……它們的環境不同，規則不同，價值判定方式也不一樣。

大企業及看似安穩的團隊，不是人人都待得住。一位老員工跟我分享了他的職場體會，「你再有本事，主管看不上你，也是白搭。」他的結論是，不要幹太多事，重點是學會做人。

如果選擇去外商呢？在大型外商待久了的員工中有些也是老油條，一個大型外商高層裡的老油條多了，公司空洞的口號就多，員工將缺乏真實的進取精神。無論大公司還是小公司，情況都不一樣。

不同企業都有各自的規則，包括明規則與潛規則，要看你喜歡什麼樣的體系，畢竟每個人的情況和適應能力不一樣，選對了平臺，特定人才能將自己的價值最大限度的展現出來。

又有人問：「為什麼我非要在工作中展現自己的價值？」我反問：「那老闆為什麼要發薪水給你？」我們上班拿錢，底層邏輯就是價值交換。員工解決問題、創造價值，公司利用這些價值去創造更大的商機。一個人只要參與社會分工，其創造的價值就要可轉化、可交換。如果一個人提供的價值低、可替代性強，薪水自然不高，機會也相對少。

工作中的價值不是能力。一個人記憶力好，這是一種能力，但不見得對所有工作都有幫助；一個人體力好，也是一種能力，它能否轉化為工作中的價值，要看這個人用體力做些什麼。

洞察工作的規則，我們要更誠實的意識到：工作就是工作。價值排序上，我們喜愛的、偏好的，有可能沒辦法放在第一位。上班，就要把事做好——這是個樸素的邏輯，也是真正的專業精神。

工作時，當然可以加入很多心思，但第一步是先把工作做了，再去考慮有沒有價值。有人認為，無論公司有多好，只要讓自己超額工作，自己就是被剝削。探討上班是不是剝削，要看我們從中得到了什麼。如果企業提供了你認可的價值，上班就可以接受。具有一定挑戰性的工作才能讓人成長，如果做起來一點都不吃力，人就難以成長，也許有人會說：「我不需要成長。」那就另當別論。

我先付出，還是先得到？有人說，「我賺得這麼少，不值得付出那麼多」，但是如果你不讓別人看出你能解決什麼問題，就很難有大的機遇。

如果你賺五千元的工資，但是按照一萬元的標準創造了價值，在不久的將來，你肯定會賺到一萬元或者更多。當然，我們也可以選擇一份輕鬆的工作。可是，**輕鬆的代價是不可逆的，如果我們一開始就選擇待在舒適圈內，舒適圈會越來越小**。如果我們選擇了不需要創造價值的工作，就要搞清楚，既然比的不是實力，就必須比一些別的。

職場規則很現實，凡事還要看長遠。有些企業雖然工作辛苦，但新人可以從高手那裡學到一些難得的經驗，在職業生涯的前幾年，接受強度較高的訓練，這種工作經驗將為年輕員工的職涯背書，或者為他們鋪墊未來的職業前途，也是一種划算的交換。

即便跳槽換了平臺，工作的評價規則也會面臨轉變。換份工作，我們是否就能得到更好的收益？這要看我們的能力，能否在新平臺上創造超額價值，不然為什麼給你加薪？

即便曾經為大公司效力，離職員工的職業光環也很快就會消失。有的老員工在觀念上有一種錯覺，將公司的平臺優勢當成了自己的強項，忘了自己真實的能力。這就好比在上升電梯裡，一個人無論做什麼都可以跟著電梯往上攀升，可是，我們必須知道，電梯並不因為我們而上升，我們也無須為電梯上升而自豪。

為什麼做這份工作？

價值規則是雙向的。工作要求員工拿出價值，也為員工提供價值。工作的價值並非僅限於薪酬、待遇，也包含一份工作的意義。

程式設計人員自稱「碼農」，辦公室職員自稱「每天搬磚」，類似說法都是員工的自嘲，背後透露出一些無奈。畢竟我們上班，除了賺錢養家，還期待獲得一定的意義。

在《工作》（*Working*）一書中，路易斯．特克爾（Louis Terkel）強調，在激勵員工時，意義與經濟報償一樣重要。「（工作）是一種探索，既探索日常生活的意義，又追求生存必需品，既是尋求認可又在追求金錢，是對有趣生活的探索，而非追求麻木。」[2]

在流水線上搬磚的工作具有高度重複性，而且員工僅僅參與了處理成品的一小部分工作。「我是螺絲釘，而且我只生產螺絲釘。偉大的機器，最終跟我沒什麼關係。」於是，在流水線上工作的員工很難得到成就感。對企業來說，要留住優秀人才，就要持續改進工作規則。經理人需要營造鼓勵創造的企業文化氛圍，讓優秀員工分享意義感和集體榮譽感，而不是讓他們成為工具人。

什麼才是好的企業？簡單來說，讓員工上班覺得有希望，覺得自己不是消耗品。

公司既有獎勵體系，又提供工作意義，讓員工覺得自己的工作有價值，不是簡單、重複的，不僅是流水線上的一道工序。企業取得的最終成功，跟每個員工都有關。讓每個人成為智慧的載體，在分享和合作中相互支撐，獲得意義。

對於企業家來說，真正重要的問題是，如何激發員工的責任感和價值感，讓他們願意在團隊中貢獻自己的能力和才華。而對個人來說，需要思考的是自己願意為哪種工作付出更多，以及這樣工作下去是否值得。

工作千差萬別，每個人的打算也不同。從來都沒有完美的工作，也沒有完美的人，如何選工作？工作又如何選擇我們？洞察規則之後，我們會更懂得權衡得失利弊。

2 〈90%的人寧願少賺錢，也要做有意義的工作，說的是你嗎？〉（*9 Out of 10 People Are Willing to Earn Less Money to Do More-Meaningful Work*），Shawn Achor, Andrew Reece, Gabriella Rosen Kellerman, Alexi Robichaux［EB/OL］.（2019-06-11）［2023-01-16］.

3 買東西，「感覺」很重要

如果到訪一座陌生城市，或走訪不熟悉的街區，我們該如何挑選餐廳？大概會打開評論來挑選。那麼，該選評分最高的餐廳，還是訪問量最大的？

有經驗的用戶查看餐廳評分，只要細看其中幾條評價，就會知道有多少作假的成分。帶圖片的評價更受歡迎，但在可信度方面值得懷疑。將心比心，你會費時費力寫幾百字的熱情評價嗎？如果自己都嫌麻煩，其他人又怎麼會發出那麼多帶圖片的好評？如果一家飯店有超高評分，這事就要存疑，評分高，不一定意味著餐廳有多麼好。

後來我們發現，相對平衡的長期評價更有參考價值。具體來說，那些經營時間長，評分在四分左右（滿分五分）的飯店，可能是首選。一家餐廳經營六、七年，甚至更長，代表它被平臺收錄的時間較長，經營者沒必要再花錢買評論，或者操弄榜單排名。

如果顧客數量多，但點評用戶不多，說明這一類飯店的品質不會有太大問題（一旦出問題會湧現差評，評價較少也許意味著品質穩定），也可能說明大部分顧客都是本地回頭客。如果一些顧客只給了中等分數，原因是這裡的菜有些小貴，他們的潛臺詞就是「菜還不錯，就是沒那麼便宜」，這家飯店，或許值得一試。

產品或服務的評分有參考價值嗎？取決於產生評價分數的機制。任何評分背後都是具體用戶（排除作弊因素），因此，我們還要重點考慮顧客是哪群人。比如，某平臺的電影評分，是文藝愛好者用戶給出，在文藝的評價框架下，新上映的通俗電影評分當然偏低。

顧客在評分電影時，也是在展示自我，輸出自我價值，尋找同類的共鳴。在文藝氣息濃郁的社交平臺上，用戶評分也會偏向文藝類作品，聽眾透過發布動態、相互鼓勵，逐漸形成特定的風格偏好。這些人認為經典電影與網路流行電影的格調相差甚大，前者是文藝，後者是俗氣、速食的，也不合標準。

一部新上映的商業電影分數低，並不意味著供人消遣的商業電影一無是處，在其他平臺，它們也許還會被推崇。作品評價的結果，受到使用者類型和場景規則的影響，反映的是評價標準的一個側面。

一塊蛋糕能及時享受、拍照炫耀，書呢？

什麼樣的產品被認同？怎樣的東西值得買？怎麼買才划算？一些群體看重價格和品質，比如有的人要的是薅羊毛[3]，只有絕對的低價才會讓他們愉快；另一些人的價值認知更廣泛，他們的值得標準，不見得對應價格或品質，有可能是模糊的、具有象徵意義的，例如，某明星代言了某產品，而我購買了明星同款，就是透過購買行動分享了價值。對於這個明星的粉絲群體而言，購買行為的價值感十分明顯（另一群人則無感）。

我們消費的物件，並非產品或服務本身，而是這些物件所代表的價值。追求價值一定意味著追求有用性。除了功能上的實用，有用性還有更廣泛的內涵，比如社交、炫耀等情感價值。如果花了同樣的錢，買到了更有用的產品或服務，就是划算，反之不值。

大城市的時尚青年在咖啡店吃一小塊蛋糕，配一杯咖啡，花費七、八十元，這價格似乎理所當然，而一本內容上乘、印刷精美的圖書，定價七、八十元，很多人喊貴。

為什麼用差不多的錢，人們寧可買蛋糕，也不願買一本書？因為對兩者有用性的評價標準差異很大。吃蛋糕，一個人能獲得即時回饋——甜蜜柔軟的蛋糕體充滿口腔。除了馬上享受美味，還可以拍一張漂亮的照片，發個貼文，它也具有一定炫耀價值。一本經典的書呢？或許讀起來費勁，獲得快樂的門檻有點高。況且，對很多人來說，一本書的炫耀價值比不上一塊蛋糕。

又比如，某歐洲現代畫家的畫展門票一百多元，展覽品質一般，僅包含幾張原作，但並不阻礙參觀者的熱情，為什麼？因為一個布置精美的展覽，主要價值在於參觀體驗的過程。參觀展覽是一種可以呼朋引伴的社交行為，在展廳擺造型後拍出的照片，又可以被當作社群媒體的展示素材。如此，一場展覽同時具備了多種價值。我們還可以發現，這位現代派畫家的展覽雖然受歡迎，可是他的畫冊銷量不太好，究其原因，是參觀者認為畫冊沒有太多用途。

看起來，買書非必要，閱讀也處於大眾消費中的弱勢地位，可是，對於藏書愛好者而言，一本限量版的好書，比蛋糕或展覽的價值還要高得多。

當然，我們也可以透過設計，讓無感的普通民眾感受到一本書的價值。比如，將書與特定物品搭配，針對不同節日，推出更有吸引力的限量包裝版本。對於禮物組合中的書，與平時常見的單本書冊，消費者的評價規則是不同的。

老商品搭新元素，客人就買單

洞察評價規則，會讓我們進一步反思消費領域的產品策略。為老商品添加新元素，用舊元素搭配新組合，用新的產品策略，改變消費者熟悉的產品認知，只要新標籤打破了原有的評價規則，就創造了新價值。

消費者會認為，這是新的產品形態。在一段時間內，他們也願意為產品的升級或改變付費。例如，含有某些微量元素或電解質的運動飲料，本來只用於運動後為身體補充營養，經過廣告傳播，卻被消費者認定能在日常生活中補充營養，被當成可以提供健康價值的功能

3 薅音同蒿，蒐集各類商家的優惠消息。

飲料。

最近幾年，各種時尚茶飲品牌的經營者升級了產品。他們將配料中的即溶茶粉，改成了用茶葉泡出來的茶湯；把水果香精，換成草莓或檸檬等真正的水果；牛奶取代奶精。他們當場為顧客製作飲品，並讓大家看到整塊水果、牛乳，把之前一些「假貨」替換成真材實料，升級了消費規則，就讓產品顯得更有賣點。

從前，消費者喜歡量大、味足、價格便宜的飲品。消費升級策略替換了舊產品的一部分原料，又把新產品的賣相搞得時髦一點，從而拓展了消費場景，顧客面對升級的茶飲，也真以為發現了新大陸。

可是，仔細想想，我們本來喝的也是真的茶葉，吃的也是真的水果啊，只不過繞了一圈，從真到假、假到真，時髦的品牌升級了茶葉與水果的替代品，產品價格也貴了幾倍，卻被認為更值得。

運動飲料比普通水貴兩倍，時尚茶飲的價格，更是一度達到了普通茶飲的兩到三倍，一旦產品概念升級，價格規則也跟著調升。產品的定價邏輯，依附於它所對標的相似商品。在消費者的觀念裡，沒有絕對的昂貴和便宜，就看在怎樣的價格規則下比較價錢和價值。

新類別、新概念，開拓了新的認知區間，顧客一旦接受，就有可能讓消費者跳出原有的價格標準，在購買或評價產品時，不再拿它跟原有的競品比較。新概念為新場景貼上標籤，並藉此傳遞新資訊，也就制定了新的消費和評價規則。

我們選餐廳，也是在選標籤。而餐廳的評價標準，也跟它有關，例如，觀光客不會苛求特色小吃店的空間和服務，更看重料理特色和上菜速度；約在餐廳談事的商務人士，看重用餐環境是否安靜與清爽，要求菜餚雅致，不能讓人吃起來太狼狽；情侶約會，對餐廳的服務和氛圍要求更高，情侶對菜色的命名以及上菜方式，也會有額外期待。

消費者對產品或服務的期待，往往匹配相應的標籤。產品或服務的評價規則，往往是在場景的標籤建立起來。不符合的，就被認為不好；超越期待的，就會獲得更多好評。

我去青島開會，剛開始住了幾天豪華酒店，後來換到了老城區的某個老酒店。比起全新裝修的豪華酒店，我對老酒店的評價反而更好，甚至主動登錄預訂平臺，給這家店五星好評，為什麼？

入住老酒店當天，我喝完了酒店贈送的兩瓶礦泉水，於是打給櫃臺額外要了兩瓶，第二天，我回到房間，發現工作人員在清掃房間後，在桌上額外放了幾瓶水，這意味著他們注意到了我的飲水習慣。退房之後，工作人員送了我一個手提袋，裡面裝著小紀念品、防疫用品（口罩、酒精之類）以及額外一瓶飲用水。我對老酒店的評價很高，是因為它的服務超越了我的預期。

我住過很多酒店，體會過不少有求必應的服務；但更好的服務是不用顧客提醒，店家便能主動察覺客戶需求，而房價低廉的老酒店能做到這樣，讓我很驚訝，於是，我主動給它好評。

無論選飯店、評電影、喝飲料還是住酒店，消費者的評價心態都十分微妙。消費者認為值得買或划算的標準很廣泛。顧客評價的有用包含很多層次，領域不同，判斷標準也不同。

在既有的評價規則之中，就必須拚功能、品質、價格；而新的產品形態被貼上了新標籤，便有可能開闢新的評價標準。

當產品或服務圍繞使用者的需求和場景進行有效創新，帶來驚喜和新鮮感時，它們就有可能超越用戶期待，在另外的賽道上，建立新的消費規則。比起競爭激烈的老規矩，開闢新戰場的新規則當然占了先機。

4 規定不能做的事，更有吸引力

如果使用比較大的盤子裝食物，我們是否會吃下更多晚餐？答案是肯定的。如果跟胃口好的人一起吃飯呢？看著同伴大快朵頤，自己的食慾也會變好。如果在國外旅遊，我們就不太在乎吃進多少熱量，盡量多吃點，因為這些料理是限量版，難得吃一次。如果回到日常生活，我們就很少這麼想。

我們判斷吃多吃少，夠或不夠，依據的並非客觀上食物數量的多少，我們一直在尋找合理的參照系統，尋求一種規則、一種標準，來衡量我們的行為。

說服一個人，不能用理性

去自助餐裝飯，我的經驗是，如果我的盤子又大又深，師傅給的飯菜就會多一些，為什麼？因為同樣一勺菜，放在普通便當盒裡，跟在大盤子裡看起來不一樣。大盤子深，打一勺菜顯得少，大師傅覺得他給少了，會不自覺再添一些，我如果用大盤子吃飯，也會覺得吃進去的沒那麼多。

我們如何影響他人？我們通常對他人有「理性人假設」，意思是我們會依據理性做出完全合乎道理、使自己利益最大化的選擇。可是，後來我們知道，理性人只是一個理論上的抽象假設，**現實中大多數人是憑藉激情和欲望活著的，而且非常善變，容易掉進圈套**。公允的講，我們總在理性與非理性之間徘徊。無論消費、投資，還是做出一項決定，人們都容易打著理性的旗號，做出衝動的決定。

在任何情況下，**說服別人很難，強迫他人的效果更是不理想，最好的方式是利用規則，讓別人自願去做**，例如，如何解決亂丟菸蒂的問題？主要有兩種方法，第一種，讚美、褒獎，用道德引導。比如貼上一張標語：「做文明市民，請勿亂丟菸蒂」。第二種，懲罰、訓誡，用惡狠狠的言語警告：「扔垃圾的人，就是垃圾」，或者威脅要嚴懲：亂扔菸蒂，罰款一百元。

而想要有更巧妙的辦法，便需要洞察他人心理、創造新的遊戲規則。例如，在英國某城鎮，大多數老菸槍也是球迷，相關機構便在街上安裝了一個菸店投票箱。醒目的黃色箱子上寫著說明文字：請投票選出世界上最好的球員，左：羅納度（Ronaldo），右：梅西（Lionel Messi）。社區中抽菸的球迷們很樂意用手上的香菸投上一票。這項設計並沒有規勸或威脅用戶。設計者只是洞察了當地抽菸者的心理，並依此設立了相應的規則，將菸蒂變成了有用的選票。

在我輔導過的創新比賽中，有個小組聽了這個案例介紹，也想出一個類似的方案。他們研究的問題是，如何不讓美食街遊客亂扔竹籤。

我們都知道，美食街的大量攤位販售各類串燒，遊客吃完之後，剩下的竹籤如果不能堆在一起，就很難清理。小組在創意方案裡，創立了一種遊戲規則：遊客如果集齊五根竹籤，就可以去服務處抽取一支好運籤，上面會寫上一些祝福好話，遊客拿走精美的籤文，也能把它當作一個不錯的紀念品。這個創意也包含相似的洞察。小組在回收串燒籤與抽好運籤之間，建立了一個遊客樂意接受的規則。

理解了人的心理，就知道人的選擇並不全然依靠理性。我們的行為在自主性之外，還受規則引導，甚至被規則塑造。例如，店家要考慮的是如何制定規則，引導消費行為，讓消費者覺得自己得到便宜。

如果三臺相似的電視機並排放在貨架上，其中兩臺標價八千元，只有一臺是五千元，對比之下，消費者就覺得後者格外便宜，買到就是賺到，但消費者也許根本不知道這種電視應該賣多少，店家透過價格和功能的對比建立參照物，也設定了消費者判斷商品價值的認知方式。

有很多類似的常見策略。比如，列出一件衣服的原價，再把它劃掉，給出一個所謂的折扣價；精釀啤酒店推出季節性口味，告訴顧客如果過了某個日期，今年的「夏天口味」就再也喝不到了。限量版產品，或不容易買到的商品，都會提升顧客的購買興趣。

買一送一、套餐組合等促銷方案也是如此，為了套餐裡好看的贈品，或者組合搭配省兩元，消費者很容易被啟動購買欲望，一不小心就多買了好幾樣東西。

喊喊口號沒人理，和別人比較才有動力

用規則助推與影響他人的原理，不僅可以被用在引導消費上，還有助於社會公益。例如，我們知道「節省資金」、「保護環境」、「做一個良好的公民」的口號，不容易讓居民減少能源使用量。

在美國的一些街區，家用水電帳單上不僅標注了用量和付款金額，還會將一個家庭的能源消耗量與鄰居比較[4]。帳單上注明該社區家庭用電平均值，一旦知道自己家在社區中所處的能源使用量位置，甚至看到鄰居用的能源比自己更少，人們往往會自覺調整用量，改善用電行為。如果在超用量的電費單上，加一個不高興的卡通表情，更會強化引導效果。

透過比較或設立規則的引導方式，中國很多城市也在用，例如，將戶外健身場所建在社區的入口和出口，時刻提醒居民參與健身。地鐵站的綠色和紅色箭頭指示站立位置，加快乘客上下車的速度。在一些城市，如果選擇非高峰時間段出行，乘車費也會降低，透過設計與建立規則，有利於建立居民與社會良好的關係。

怎樣才能影響他人？擺事實、講道理，也許都行不通。施加影響，只能避實就虛，哪怕我們的目標或意圖是完美的，手段也並非無可挑剔。如果你想勸說一群人造船，必然要讓

對方對遠航產生熱情，而不是一味的鼓吹造船的好處。

我們要先接受每個人內心中的非理性，設定場景，讓對方主動進入規則，把選擇權還給對方。要吸引他們，而不是強拉硬拽，讓他們自己做出決策，如此才能讓人們堅持下去。

如果想推動別人去做一件事情，最好先禁止對方去做，燃起內心渴望的火焰。「想要又不能實現」的誘惑，讓朦朧的意願，在對方的內心深處發芽。當我們禁止小孩玩遊戲，強迫他們放下手機，只會讓電子設備更有吸引力。**如果家長想讓孩子多吃蔬菜，不要直接勸他們吃，而是自己大吃特吃，卻禁止他們吃，他們會更想吃看看。**

如果家長限制孩子看書的時間為一小時，而家長總在孩子面前看書，這種限制就對孩子形成一股誘惑。如果將看書從強迫變成獎勵，孩子又能在分享故事的過程中提升自信，那麼讀書對他們來說就不是苦差事。

誘惑最重要的部分，就是讓事情本身具有吸引力。孩子應該先被吸引，而不是被某個權威強迫。最好由孩子自己提出想讀書，如果一件事情大人反對，而孩子堅持，孩子會覺得這件事更有價值。

4 Opower公司提供這種個性化電力帳單服務。該公司成立於二〇〇七年，提供家庭能源消耗的真實資料，後來成長為全球化的家庭能源管理企業。

影響他人，要靠理性，也可以推行相應的規則。我的一位朋友分享了他家的金錢規定。他讓孩子管理自己的壓歲錢，但是任何消費，只要是孩子提出來的，都要用他們的壓歲錢買。家長認可的課程，孩子只需出總價的一〇%；家長不認可的課程，孩子要出總價的七〇%。如果孩子要買一雙新款球鞋，家長覺得不可以，孩子就要自己出七〇%的錢，這樣他會更珍惜自己買回來的商品。透過這個訓練，孩子更懂得規畫自己的時間和金錢。

這位朋友從來不勸孩子，也不會替他做決策，而是將主動權交給他。孩子一旦獨立決策，感覺被平等對待，就會更理性、周全的盤算，而不是把決策責任推給其他人。

如果想影響他人改變，或形成一種行為習慣，那麼無論自己還是他人，都要是自願才有效。與其死皮賴臉的說服別人，傳達這件事有多麼重要，不如讓對方被事情吸引，覺得走過路過不能錯過。

這個世界上的事情都是這樣，禁止或勸誡沒有效果，不如設定一個規則或局面，在某個情境中，對人、事、物做出限制，被禁止的一切，反而更有吸引力。

第八章

真相很少純粹，也絕不簡單——

簡化的洞察

簡化是一種能力，也是難得的智慧。在這個缺乏注意力的時代，我們的表達需要一針見血。一種主張或表述，如果簡單有效、具有穿透力，其中一定包含十分深刻的洞察。

可是，我們也要知道，當我們獲得的資訊過於單一，就很容易陷入自我的封閉邏輯中。如何在簡單與複雜中尋求動態的平衡，也是洞察的關鍵所在。

1 圖釘原理

如果面試時間只有一分鐘，你會如何介紹自己？有人從學生時代講起，介紹家鄉和學校；有人把過去所獲獎項和頭銜羅列一遍；有人加快語速，盡可能塞進更多資訊，像在說繞口令，直到被不耐煩的面試官打斷。

只要做過幾次快速自我介紹的練習，我們就能透過聽者回饋發現一些道理。在短時間內，與其加入太多表述內容，不如言簡意賅的闡述一、兩個重點。為了實現最佳溝通效果，我們需要回到表達初衷：為什麼要自我介紹？如果我要讓對方快速了解我，對我產生興趣，簡要介紹必然圍繞以下三個方面：

第一，我的核心價值是什麼？
第二，我的價值將為對方帶來怎樣的改變？
第三，我是否具有一定的不可替代性？

在面試中，有人表態，「我年輕能幹，我願意付出一切！」大家可以想一想，「付出一切」是否可信？即使可信，這種表態是否有價值？或是具有不可替代性？

有人介紹自己，「我看過很多書，愛好廣泛」，從面試官的立場來看，你喜歡閱讀，也許意味著你知識淵博，但這些知識能為公司帶來什麼？你愛好廣泛，是不是代表容易分心，做事情三分鐘熱度？

什麼才是更有效的自我介紹？如果去飲料公司行銷部求職的人這樣介紹：「今年上市的五十種新品，我試過其中三十種主要產品，分為幾類，而我認為，反映出的趨勢是……。」這位應聘者的發言重點，並非著重在態度（我願意），而是行動（我試過），而且他所關注的內容，與雇主業務緊密相關。這一段介紹，有觀點、有分析，想必公司負責人願意聽他講下去。

在溝通中，如果你沒有刻意強調自己，而是分析對方關心的事，且表達自己的價值，更有可能讓對方對你印象深刻。還有一種常見的表達練習，叫做「電梯簡報」。這種練習與一分鐘自我介紹類似，要求發言者在有限時間內，在偶遇陌生人的場合（如電梯中），以簡潔且有吸引力的方式迅速傳遞個人、產品或專案訊息，並讓對方想與之進行後續談話。

無論面試中的自我介紹，還是在特殊場合進行項目推介的聊天，我們都需要洞察一種具有普遍意義的溝通策略。任何一次溝通中，我們都需要在短時間內提煉出重點，讓對方很快將其識別出來，並對我們談的事情產生興趣。當介紹一本書、一個景點、一樣商品、一項專案或一個人時，都有相似策略——**說出最有價值的要點，引起對方注意，並獲得一定程度**

的認同。

注意力，是現在最稀少的資源

在這個時代，人們時時刻刻都在發聲。我們表達的機會看似很多，發出的聲音卻難以在喧嘩之中脫穎而出。注意力資源是稀缺的。麥可・戈德海伯（Michael H. Goldhaber）在探討「注意力經濟」時指出：「當今社會是一個訊息極大、豐富，甚至氾濫的社會，而網路的出現加快了這個過程，消息非但不是稀有資源，反而過剩。相對於過剩的資訊，只有一種資源是稀少的，那就是人們的注意力。」很多人想透過媒體獲得關注。可是，如果短時間內無法引起受眾注意，就浪費了珍貴的溝通機會。

為了訓練表達能力，我上創意課時，會要求同學們完成時長三十秒的廣告創意影片。在限定時間內，我們往往可以用短影音列舉產品的三個好處。不過，如果介紹三個重點，可能觀眾連一個都記不住。觀眾有可能記得的，通常是跟自己有關的一個核心要點。

比方說，「怕上火，喝王老吉」，這句話提供了一個功能上的承諾，消費者一旦想到吃火鍋、熬夜、加班這些容易上火的場面，就會想到王老吉；又比如，「可口可樂『開啟快樂』」，這一句口號提供了情感上的承諾，讓可口可樂隨時隨地與快樂掛鉤，廣告創意中的場面都跟分享和傳遞歡樂有關。可口可樂是「肥宅快樂水」的說法，也深受年輕人喜愛，並被廣泛傳播。

建立產品的價值特性

無論品牌還是產品，都會與消費者有無數次溝通。最有效的傳播方式，都圍繞著一個重點：傳播內容統一、高效，且不斷重複要點，這樣受眾認知就不會出現太大偏差。

對於個人、產品或品牌傳播，簡化的有效溝通策略，都類似於一顆圖釘結構：尖銳的頭部配上平滑的圓蓋子。使用者只須輕輕按壓圓蓋，圖釘尖端得到較大的壓力，便很容易刺入特定位置。

這個尖銳的部分就像溝通的切入點，越尖銳，越容易進入。**切入點需要聚焦於一種核心價值**，與此同時，圖釘的圓蓋，有力的支撐著針尖——價值點形成。

圖釘的尖銳部分，就是包含洞察的「價值主張」（value proposition）。我們提供價值主張，就是在輸出一種簡單、有效的價值點，它必須有差異性，而且可信、能解決問題，具體來說，跟前文提到的自我介紹的要點有異曲同工之妙。第一，相關性。它是什麼？針對什麼人，提供什麼？能解決什麼特定問題？第二，記憶點。它有什麼具體好處，能被大眾記住？第三，差異性。為什麼選擇它，而不選擇競爭對手？

例如，以「可口可樂生薑＋」為例，這是一種可樂混合生薑的飲料，它的價值主張是：

「原來汽水還可以熱熱喝！」

第一，相關性。針對喜歡可口可樂，並聽說過用可樂煮薑湯可以驅寒的消費者。適合搭配冬季聚餐、吃螃蟹等場景，也是陰寒天氣的養生暖飲。

第二，記憶點。微波爐加熱九十秒，溫熱又微微冒泡的美妙口感——原來汽水還可以熱著喝！一杯可口可樂生薑＋，好喝又怡神，暖身又暖心。

第三，差異性。可樂與生薑的搭配有一定的認知基礎，也是產品差異性的基礎。商品採用真薑實料，反覆調整薑的種類和濃度調整，讓口味暖而不辣，既還原了可樂煲薑的傳統滋味，又保留了汽水的飲用體驗。

如何才能使產品概念不易混淆，讓人難以忘懷？最優的選擇，一定是擁有獨特的洞察，並據此建立自己的價值特性。這就像在歌唱比賽中，發出獨特聲音的選手，即便有點怪異，但這種特色會讓大眾擁有辨識度。

任何傳播，都可以把差異性的價值主張當作基礎，集中在一個狹窄的目標區域中下功夫，創造出獨有的位置。讓商品標籤鮮明化，在顧客心中建立一個據點，使標籤穩定占有一席之地。

如果我們無法輸出獨特的新標準，缺乏有競爭力的價值承諾，那麼，我們就要用別人的標準，靠更低的價格，或更廣泛的銷售管道等要素，加入更激烈的競爭。換句話說，如果不能從一點突破，打造商品的核心價值，它就會在其他非優勢領域陷入混戰，就好比在歌唱比賽中，我的聲音無法立刻被辨識出來，就只能跟其他選手比高音，無疑提高了贏得比賽的難度。

只能留下一件東西，你會選什麼？

洞察也是捨棄、提煉的過程。我們要思考，在眾多價值中，如果只拿出一樣，那會是什麼？如果只留下一件東西，又會是什麼？透過回答，我就更了解自己或自己所做之事。

如果一句話很重要，那麼它一定捨棄了大量的表達。提煉，包含大量濃縮，但是別忘了，圖釘尖銳的地方不可能獨立存在。找到尖銳而有效的突破點固然重要，但也不可忽視其背後的特點或支撐力。

如果吸引人的傳播點，無法獲得有效支撐，僅能引起注意，那也是徒勞無功。比如，可口可樂生薑＋——原來汽水還可以熱熱喝！該產品的價值主張之所以成立，是因為這並非憑空捏造的原創概念。薑汁可樂這項飲品在民間被廣為接受，企業並非自作主張推出一種新搭配，而是在大眾普遍的認知基礎上加以提煉。有了公眾認知的支撐，該產品的承諾和差異性，就不容易被競爭產品占有。

無論在產品領域，還是在個人領域，追求簡單的洞察，目的都在於應對表達中容易出現的問題。首先，我們容易面面俱到而喪失重點；其次，我們主推的價值主張缺乏效力，無法實現有效溝通。我們需要遵循簡單化原則，參考圖釘原理：在大面積資訊的支撐下，將力量彙聚於一點，一點突破、一針見血。

如何快速而有效的傳遞？洞察的關鍵在於，我們是否明確知道人或事的真正價值。我們所表述的價值，對於對方而言，是否有效？對方能否理解我們的要點？我們是否有勇氣果斷的捨棄其他內容，讓為數不多的重點更聚焦、更深入？

2 非黑即白不是簡化

有人說：「你講的內容太複雜了，能不能簡化一下？告訴我們核心重點就好。」我回答：「**內容也許可以簡化，但簡化之後，就不是原來那個東西了。**」這就好比一部兩小時的電影，如果被剪到只用三分鐘就放完了，還是這部電影嗎？又好比，保健食品含有各類維生素，卻無法代替真正的水果，因為水果除了維生素，還包含其他成分。

我們歸納了簡化的多種好處，可是它的危險也來自簡化本身。我們往往去掉看起來多餘，留下看似最有用的東西。可是去掉之後，我們就會發現，被高度概括的內容，有可能偏離了整件事的初衷。

過度追求本質，可能讓我們抱有浪漫主義願景：這世界上似乎存在一種核心祕密，可以四兩撥千斤，濃縮的真理能代替一切，而除了本質，其餘一切都不重要，皆可忽略。

可是，人們仍然鍥而不捨。「請問寫文章有什麼祕訣？成為高手有沒有訣竅？如何在這個領域快速取得成功？」每次上課，我都會遇到類似提問。聽眾想不費時費力、一次解決所有問題。可惜我不是哆啦A夢，沒辦法提供厲害的神奇道具。

尋求簡單，以一敵百，這種思維傾向可以被歸納為「祕笈思維」。漫畫中的普通人突然獲得了某種超能力，變得力大無比或可以飛行。在武俠小說裡，天資愚鈍的平凡少年落入某山洞，發現了牆上的武功祕笈。他練習一番，立刻脫胎換骨、一飛沖天，變成武林高手。

祕笈思維的追求者，始終相信有一個揭示真相的終極寶典：它是一種萬能藥，能治療很多病；它是一個萬能公式，讓每個問題都能迎刃而解。它甚至只要一招、一個口訣，就是這麼簡單。

學會竅門，也不一定能成功

為什麼過度簡化的祕笈思維會大行其道？在我們所處的時代中，許多事物都是速生的，我們習慣按下搜索鍵，結果隨即呈現在眼前。

在數位媒體的影響下，我們越來越缺乏耐性，一分鐘的影片都嫌長，更別說充滿矛盾的現實了。黑白分明的簡化版本，更容易辨認；一眼看得到盡頭的結論，更有吸引力。例如，人們成功的過程，被簡化為努力加上某個祕訣。只要我們掌握了這個祕訣，又努力實踐，那麼成功立等可取，我們很快就會走上人生顛峰。

故事中被標準化的成功人士，從不浪費時間，只留下一連串英明的決策。他們掌握了訣竅，必然通向後來的最大成就。**為什麼成功人士總能走出泥淖？因為沒有從泥淖裡走出來的，大都是失敗者，我們也看不見。**

如果只看到一些關鍵操作，忽視其他細微動作，我們必然會誇大某些步驟的決定性作用。神奇的成功竅門都是被高度提煉的成功要素，忽略了巧合與環境的差異，也都是事後總結的後見之明。

簡化思維，又好像孩子看電影，一定要分出個好人和壞人。這是好人，還是壞人？我們從小看電影就喜歡問這種問題，孩子要一個明確的答案，不然就問個不停。但世界上真的有單純的好人或純粹的壞人嗎？不太壞的壞人，或不太好的好人又該如何分類？

灰度思維告訴我們：世界上的人並非一成不變。好人會做壞事，壞人也會做好事，每個人都不是純粹的好人，或者純粹的壞人。我們洞察一個概念，最終會發現各種要素相互牽制、維持平衡。換句話說，被歸納成壞的特徵，始終無法被徹底標籤化。沒有一種東西是一直壞，或本質上壞的。

灰塵攜帶病毒、細菌和蟲卵，傳播疾病，過多的灰塵還會造成環境汙染，誘發呼吸道疾病。可是，如果地球沒有灰塵，太陽光就無法被吸收，地表溫度將不適合生命繁衍，且空氣中的水蒸氣無法凝結，不會有雲，更不會有雨、雪、彩虹。

細菌呢？人們似乎很恨細菌，因為它會誘發疾病，但我們也要知道，細菌會幫助我們消化。人體內及皮膚上的細菌細胞總數，約是人體細胞總數的十倍。即使想要消滅細菌，它也永遠不會被消滅，只會在人體內達到數量平衡的狀態。

再以我們的情緒為例。恐懼是一種壞情緒嗎？恐懼是人類面對危險時的本能反應。害怕時，人會大量釋放腎上腺素，心跳加快、血壓上升、呼吸加重並加快；肌肉供血量增大、瞳孔擴大、大腦釋放多巴胺類物質，令精神高度集中，身體進入應急狀態。

恐懼讓人不舒服，卻激發了身體的活力和動力。它幫助我們對周圍發生的一切保持警覺，沒有它，人類無法察覺風險，甚至可能無法存活下去。詩人里爾克（Rainer Maria Rilke）說：「若我的魔鬼要離開，我擔心我的天使也將振翅飛去。」這句話的意思是，如果抹去壞的部分，好的也將消失。

無論灰塵、細菌，還是恐懼，都提醒我們好與壞是一種共生關係，不存在一種剷除了壞的完美。如果去掉邪惡的部分，光明的部分也一定黯然失色。完美並非一個終極目標，有可能是個陷阱。

生活並非「非黑即白」

完美主義者的弱點在於難以接受任何雜質。我認識的完美主義者，能力都很強。他們的生活、工作都井井有條。完美主義者穿著體面，他們的桌面和床都一塵不染。可是，任何計畫外的干擾都會讓他們十分惱火。比如，僅僅是倒茶時水灑了，或者衣服搭配不合適，皆會讓他們陷入挫敗感。有人會因為微小的失敗、不順心，或計畫出現偏差而放棄行動。

無論信奉奇蹟、祕笈還是完美主義，人們都有可能在尋求一種簡單的方案，以為在這個複雜的世界中，只要杜絕了壞東西，就將迎來好的階段。可是，稍有常識的人都知道，不存在一勞永逸的方法。追求唯一真相、完美方案或簡單答案，往往讓我們陷入困境。

世界無法被簡化成黑和白。美國作家史考特・費滋傑羅（F. Scott Fitzgerald）說：「檢驗一流智力的標準，就是看你能不能在頭腦中，同時存在兩種相反的想法，還能維持正常的行事能力！」因此，判斷一個人是成熟還是幼稚，需要先看看此人能否容納多元化的複雜事實，他用的是非黑即白的簡化思維，還是灰度思維。

如何形成灰度思維，擺脫簡單化的困境？經濟學者阿馬蒂亞・庫馬爾・沈恩（Amartya Kumar Sen）曾說：「考察一個人的判斷力，主要觀察他訊息來源的多樣性。有無數的人，長期活在單一的資訊裡，而且是一種完全被扭曲、顛倒的消息，這是導致人們愚昧且自信的最大原因。」

單一化的資訊，讓人對某些道理確信不疑，更容易被誤導、扭曲，造成偏見和仇恨。問題的結論不應快速得出，我們走得越遠，見識得多，才越有可能理解並容忍複雜性。

灰度思維，要求我們懷著開放的心態認知事物，一直做好接納各種不確定因素的準備。在頭腦中存留一種反對者的意見，試著用它挑戰我們快速反應的思考方式。不斷重複「平衡—失衡—再平衡」過程來穩定局面，才是成年人的思考方式。

我們要謹慎談論一些詞，簡單的總結，也可能是粗暴的。**有些簡化的認知，就像做工粗糙的濾網，漏掉的都是精華**。我們要有所警覺，因為這個時代的人仍然喜歡口號式的簡單說法，人們往往選擇一邊，拒絕另一邊。畢竟鮮明的立場、簡單口號利於傳播，也容易被大眾接受。

洞察是基於複雜事實的提煉，並非為了確認一種道理，就要忽略其他複雜性。我們當然需要抽象思考，但同時也要關心被一筆帶過的過程中所包含的種種曲折，我們也不該為了尋求唯一真相，而刪除其他視角，走向黑或白的極端。

3 我們相信什麼，就會強調什麼

有人宣布了一個發現：經常走出去看世界的孩子，長大以後成功的機率，比其他孩子高很多。」為什麼？難道是因為眼界變大了嗎？原因很簡單，多數有機會出去看世界的孩子，家裡更有錢。

家裡錢多，孩子的起點不一樣，做事情沒顧慮、有助力，這就好比一個笑話：有個人花錢很省，每個月省一千元存起來，一年後買了北京的大房子。買到房子是因為這人節省嗎？不，是因為他爸爸給了他一千萬元。

為什麼經常去健身房的人較少得憂鬱症？難道是因為身材好的人更受歡迎，從而降低了得到憂鬱症的風險嗎？稍微想想，就不難看透其中道理：一個人如果經常去健身房鍛鍊，他有很大的機率更空閒、不缺錢（如果你有一堆雜事要辦，還想著賺錢養家，哪有閒情逸致持續鍛鍊）。這樣的人主觀上有動力和活力，而且比較自律。他即便不去健身房，也不太容易有憂鬱症。

「孩子經常出去看世界提高了成功率」，以及「經常去健身房運動的人不容易有憂鬱症」，這類推論看似可笑，卻映射出我們日常推論的基本邏輯缺陷。

我們分析一些事實，歸納原因，快速得出一個看似有道理的結論，但是原因和結果，很可能並不相關。多個原因共同起作用，才會導致某事發生。高品質的因果關係分析，必然結合更廣泛的原因進行綜合考量，而不是盯著單一原因得出可笑結論。可是，我們容易只盯著並重點強調某個事實，或者將兩個事情強行綑綁，好像這樣就找到了不一樣的角度，有了不一樣的洞察。

沒有科技就沒有壞人？

蝴蝶效應（Butterfly Effect）是指，一隻蝴蝶在巴西輕拍翅膀，可以導致一個月後德州（State of Texas）的一場龍捲風。世界上的事情的確相互關聯，可是一隻蝴蝶不應為一場龍捲風負全部責任，如果不考慮原因的複雜性，我們就犯了「單因謬誤」（fallacy of the single cause）。過度簡化因果關係，意味著過分強調某個因素，用一個因果關係解釋整件事情。

時時刻刻都有不計其數的事情發生，但它們不見得有因果關係。哲學家大衛．休謨（David Hume）說：「雖然我們能觀察到一件事物，隨著另一件事物而來，我們卻並不能觀察到這兩件事物之間的關聯。」可是，天真的我們經常執著且錯誤的秉持因果幻覺。

比如，事實證明，所有猝死的人都在死前數小時內喝過水，壞人也在喝水之後做了壞事。難道喝水導致了猝死或做壞事嗎？這個分析讓人感到荒誕。可是如果把相似的論證方式用在科技上，也會產生一套相似卻不容易被覺察的「科技有害論」：壞人運用科技做壞事；沒有科技，壞人就做不了壞事，因此，科技是有害的。

如果有人用菜刀傷人，這並不能說明菜刀是壞東西。同樣道理，作為工具，科技好比菜刀，它不好不壞，也可以說既好又壞。況且，在當代社會，科技就像水一樣，任何一個人做壞事、做好事，都無法將科技因素排除在外。它與世界上的任何工具或媒介一樣，放大了人的內在中好的一面，同時助長了壞的一面。

過度簡化因果，有可能從結論反推事實。我們相信什麼，就會強調什麼，在敘述中，強化一部分，又忽略另一部分。我們隨時都在根據觀念挑選一些證據，透過錯配因果論證一切道理。不摘下認知上的有色眼鏡，蒐集再多資訊也沒用。

比如，如果你相信愛，那別人的一切表達，可能都會被簡單歸因於愛。你發現有人對你好，那就是因為對方愛你；如果發現有人對你不好，也可能將其解釋成愛。你愛他人，做了短期內讓他不舒服的事情，也是為了長期對他好，總之，一切都因為愛。

有的男人找不到戀愛對象，經常將其歸結為一些自以為是的原因：女人不喜歡我就是嫌我窮，或者嫌我難看。這種主觀色彩很強的推測，只是證明這種人比較自卑而已。女人不一定在乎他窮，或者長相不好，只是他自己的認知，自動放大了錯覺，以為女人都這麼想。要知道，很多比他難看、窮的人，也找到了伴侶。只盯著自己在意的一處，就會忽略改善其他方面。

真相很少純粹，也絕不簡單

多數人更喜歡活在膚淺的因果推論中。

分析一件事，最容易落入的陷阱是走過場。我們剛出發就宣布：「我已經到達。」我們看到窗外的街道溼了，就說下雨了。看到一個人精神不振，就認為他睡眠不足，所謂的得出結論，只不過是抓住了我們第一時間聯想到的一種可能性，迫不及待的將它講出來。

快速、簡單推論的基礎是感性，而非理性。在所謂的「後真相時代」中，人們更重視感覺上的真實，而不是經過確認的事實上的真實。為了贏得他人認可，我們傳遞的資訊越來越強調情感衝擊，訴諸情感與個人信仰，往往比陳述客觀事實更有影響力。

隨處可見的熱門話題中，很多還沒有被驗證就廣為流傳，激起人們憤怒、興奮、歡樂等各種情緒。等到我們想分析事件，驗證其真實性時，這件事情早就過時、沒人關心了。在複雜的媒體時代，訴諸感性的簡單思想，不會讓生活變得簡單。**提倡想法簡單的人更容易受到蠱惑，被資訊碎片操控**。

在後真相時代，我們如何洞察真實？哲學家把我們建立信念的過程，比喻成「在海上修建木筏」。如果要在波濤洶湧的海上修建木筏，我們要先站在第一塊木板上修建第二塊，才會有後面的第三、第四、第五塊木板。

第一塊木板，就像我們的基本觀念，它決定了我們認知的起點。每個人都要有洞察真相的能力，不然，第一塊木板永遠不穩固。我們的思考意願，又建構著思想範圍，懶得動腦的人，思想範圍就會越來越小，一旦抓住了一個讓自己滿意的解讀，他們就滿足於這個片面的解釋。

劇作家奧斯卡・王爾德（Oscar Wilde）說：「真相很少純粹，也絕不簡單。」輕易得出結論，也許只是因為我們不願知道更多。只有持續追問，才有可能讓我們靠近真正的原因。一個人經常去不同的餐廳吃飯，是因為他喜歡外出用餐嗎？他有可能是出於工作需要，在餐廳請客應酬；有可能是工作過於枯燥，靠出門吃飯調節生活狀態；還有可能是希望在家吃飯，但無法實現等。因此，要想聚焦於真相，就需要將人的很多行為，及背景資訊放在一起分析。

總有人宣稱：「我喜歡簡單，不喜歡那麼複雜。」這也容易理解，我們每天需要應對無數資訊的湧入。真正的現實也許複雜，讓人不舒服，聲稱愛好簡單的人，很多都捂住耳朵、眼睛，維護著一個理所當然的堡壘。他們只要不想太多，就能變得不矛盾、安心。

洞察意味著不滿足於膚淺的解釋，盡量考察消息來源的可信度，及所提供證據的真實性。反思我們順理成章的想法、探索各種因素，而不是隨意配置因果、感情用事，宣布貌似新奇，其實荒誕的新發現。

4 憑什麼成功只有一種

提到成功人士，我們也許立刻想到富豪榜上的名人，或者常出現在媒體上的時尚明星，他們形象好、氣質佳、快樂自信。那麼，成功的形象是什麼？成功的標準怎樣制定？唉聲嘆氣的有錢人也算成功嗎？思維敏捷、思想深刻的窮人呢？

如果成功的概念變豐富，我們就要花費更多心思羅列、分辨、判斷。一種標準越複雜，思考起來越困難。當頭腦用快捷方式處理複雜情況時，我們就會選擇留在一個點上，停止想下去，我們會自動成為「低級資訊處理者」。

這時候，刻板印象就是一種穩定的認知模具。我們會簡化框架，省略差異，套用代表性的見解或觀念衡量事與人。很多時候，穿黑西裝、戴墨鏡的壯漢，會被當成黑社會；濃妝豔抹、穿著暴露的女性，則被當成不正經的女人。總有人說某個地方騙子多、某個地點小偷多；某個地區的人好吃懶做。這就是所謂的地圖炮：將一個地區的人，與特定的不太好的行為特徵捆綁在一起。

很多人覺得女人更感性，容易感情用事，理工科不如男人學得好。他們認為女人的職責是照顧家庭，嘴裡總說：「妳一個女生打拚什麼事業，早晚都要嫁人。」這些常見的刻板印象，是對於某些人或事的概括看法。不難看出，這些描述中帶有的先入為主觀念，有可能是正面，也有可能是負面。某些形容詞乍聽之下感覺挺有道理，仔細想想，卻無法代表我們所談論對象的實際特質，有些刻板印象甚至成了約定俗成的偏見。

刻板印象簡化了認知，造成隔閡

為什麼會有刻板印象？在丹尼爾．康納曼（Daniel Kahneman）的著作《快思慢想》（*Thinking, Fast and Slow*）指出，人有兩套思考系統。一套是「慢思考」，用來分析和判斷，另一套「快思考」，依靠直覺運行。在資訊不充分的情況下，或者沒時間細想時，人就會調動快思考。大腦的運行習慣，讓我們預先儲存概念，並依此固定概念直接判斷。

為了減少思考時間、提升效率，概括性的快思維就會將簡單的想像，塞進一個符號中，而簡單符號也會鎖定某種屬性。比如，孩子一眼就能認出動畫中的角色誰是好人，誰是壞人。刻板印象很膚淺，有時甚至可笑，雖然我們不再是孩子，但神經系統仍然為了高效處理資訊、方便讀取記憶，而替認知對象貼標籤，將它們分類儲存。

我們說到一些詞時，總有一些標準意象浮現在腦海中，比如談論南極，就想到企鵝；提到聖誕節，就聯想到聖誕老人；說到日本或法國，就想起富士山或艾菲爾鐵塔（La tour Eiffel）。我的同學來自西雙版納[1]，大家都調侃他：「你家裡一定有一頭大象。你每天騎著大象上下學，天氣熱了，可以要大象給你噴水。」無論企鵝、聖誕老人，還是富士山、艾菲爾鐵塔或大象，這些圖像符號，都具有穩定的象徵意義，勾起我們對不熟悉事物的想像。

認知中的代表性圖像被定格在某一刻，它們輪廓清晰、邊界明確。刻板印象，通常就是快思考通道的入口，它能調動回憶，自動聯想，讓我們走上認知的捷徑。在難以把握的動態世界中，模式化的概念，可以讓我們快速抓住一些東西。我們似乎擁有了確定性，還會認為自己的頭腦十分清楚。不過，這種便捷的認知，有很明顯的隱患。一旦認知固定，我們就會被這些認知所限制。刻板印象提取了事物的一種可能性，卻忽略了其他可能。快思考導致的一個後果是認知的籠統化。

約定俗成的詞語就像個筐，什麼人或事都可以往裡裝。當我們用一些詞語討論一群人，比如渣男、油膩男或做作女，我們都只是在談十分廣泛的印象。比如，男人自我感覺良好、愛發脾氣、油嘴滑舌、吝嗇、心胸狹隘、喜歡干涉伴侶生活……這些被統稱為渣男。渣男到底指什麼？有些人會說：「只要我覺得渣的，通通歸為此類。」

我們談論年輕人時，會因為羨慕他們，而將很多優秀品質或我們所期望的內容，寄託在他們身上，認為年輕人勇敢、熱情、朝氣蓬勃、樂觀、好強。而在另一些情境下，不太

1 位於雲南省西南端。

年輕的人為了倚老賣老，又把「年輕」簡單理解為幼稚、莽撞、衝動的代名詞。

在快速思考的情況下，標籤簡化了認識，也造成了極端化的情感效果。如果認定為好的，就無條件的愛；如果認定為壞的，就無條件憎恨。當我們將一些人定義為壞人，甚至惡魔時，我們總是冷酷且不留情面的對這些人施加暴力。一旦有了標籤，我們的情感就更鮮明，對於壞人的仇恨，就有了簡單而明確的依據。在敵人或壞人的旗幟下，人們被迫按照刻板印象的標準選邊站，形成相互懷有敵意的族群或陣營。

《韋瓦第效應》（*Whistling Vivaldi*）一書中提道：「我們生來戴著有色眼鏡，同時又遭受著各種偏見。」對我們來說，另一群人——他們非我族類，不值得浪費時間仔細分析。而他們看我們也同樣如此。接觸越少，認知細節越少，隔閡越深，對彼此的刻板印象也就越來越牢不可破。

你不能再假裝知道

如何拓展狹窄的思想範圍？大多時候，我們都是假裝知道，實際上卻有大量的理解偏差。我們沒有仔細分析，只是快速略過，如果不想落入自動判斷的陷阱，就要多點耐心去辨析。刻板印象包含太多未經分析的內容，一旦我們仔細審視詞語或現象，就會變得可疑，也有可能突破原有的含義。

比如，「剩女」的說法大行其道，一方面說明大齡未婚女性增多，另一方面也隱含了一個評價標準：女性要趁年輕嫁人。很多人認為過了一個年齡（年齡標準很不固定），女性就成剩女了，她們處境悲慘，無法自主選擇。可是，我們知道剩男的數量同樣可觀，卻很少成為被諷刺的對象，因為很多人認為，男性擁有更廣闊的選擇空間，他們是在主動挑選，而不是被動剩下。又比如「媽寶男」，意味著男性成年後，還對母親言聽計從。它隱含的意思是：男人如果不夠獨立、依賴他人，就不是好男人。相反，媽寶女的說法並沒有流行起來，因為乖女孩的形象，具備很多人所期許的女主內性格。只要注意到剩女或媽寶男這類詞語用法的指向性偏差，我們就解構了一部分約定俗成的刻板印象。

為了擺脫刻板印象，我們需要關注個體，更多的細節，會讓認知更豐滿，像是有人認為中年婦女受困於家庭，總是嘮嘮叨叨、糾結瑣碎小事，有點神經質，但只要結識幾位充滿魅力的中年女士，就可以破除這樣的刻板印象。

在大眾媒體上，更多有自覺意識的人積極發聲，也有助於消除刻板印象，例如，某位韓國女演員表示，如果一定要有人演沒有臺詞的韓裔妓女的角色，她就去演，「如果攝影機掃過我的臉，我會讓你停下來思考，這個角色的生活發生了什麼事，哪怕僅在這一秒鐘引起了你的注意。然後你繼續看回那些歐洲裔角色。」讓歐洲裔觀眾意識到，「韓國人不止於此」需要有個過程，打破刻板印象，就是從點滴細節開始的。

為了擺脫刻板印象，我們要先學會忘記。正如哲學家愛比克泰德（Epictetus）所揭示：

「一個人不可能學習自認為已知的東西。」在任何時候，想讓創造力自由展開的前提，就是忘記所知。看到一件事情，不要馬上判斷，而是問一句「真的是這樣嗎」。獲得更多洞察，就需要暫時忘記自己熟悉的模式，把通常的聯想陌生化。**一切創造性活動的開始，不是理解，而是不理解**。[2]例如，俗話說的就對嗎？可能不太對……但也可能對。孩子一定都是純潔的嗎？良好的生活是無憂無慮的嗎？沒用的就不好嗎？詞語的確就是思想。如果一個人的詞彙匱乏，思想也不會廣闊到哪裡去。內涵乾癟的資訊長時間流轉，就會讓思想枯萎。如果一個人的詞彙量不夠，表達也會受限。為了加強表達效果，單字量少的人會傾向於加強語氣，強化一種簡化的判斷，這也是思想貧乏的標誌。

刻板印象能幫助我們提升認知效率，也有可能讓我們掉進簡化的坑裡。如果我們經常選擇捷徑，就會過於依賴刻板印象。人們喜歡快速下結論，認為「不過如此」，無非是懶得多想，直接把熟悉的道理，裝進一個現成的模具裡。

對於觀念開放、擅長洞察的人來說，簡單的事情，絕不會像看起來那樣簡單，任何模式化的印象都是一扇大門。打開門，後面藏著「不止於此」的複雜世界。

2《創造力的本質》（*The Storm of Creativity*），基娜·萊斯基（Kyna Leski）著，王可越譯，北京聯合出版公司，二〇二〇年。

第九章

視野的洞察

近看是悲劇，遠看是喜劇——

視野，是我們看事情的寬度和角度。不同視野，會得出不同結論。為什麼近看是悲劇，遠看是喜劇？因為隨著我們後退，視野也在擴大。專業的視野，幫助我們提升效率，卻也限制了我們的想像力。那麼就要走著瞧！邊走邊看，只要不斷向前走，眼前就會有新視野。拓展之後，世界變得更寬闊，觀念也隨之變化，隨著視野的開拓，我們可以洞察更多。

1 透過紙窗破洞看銀河

朋友抱怨：「我最大的煩惱是記憶力不好。」我回他：「就算一直抱怨，記憶力也不會忽然變好……再說，你記不住事情，也不全都只有壞處。容易忘記的人心大、脾氣好。」記性不好的人，見到一個關係不好的熟人迎面走來，可能覺得這人挺可恨；但如果忘了具體可恨在哪裡，也就沒那麼討厭了。雖然這話有點開玩笑的意思，但我也並非在講歪理。

記性好的人心思細、思慮重，他們的皺紋可能都比其他人多一些；記性不好的人重新看一部電影，總覺得是在看新的，會輕鬆擁有全新的快樂感受。

一件事情是好還是壞？這還真難說。如果一個人記性不太好是事實，記性差就是判斷。事實與判斷，並非只存在一種因果關係，從另一個角度看，所謂的缺陷，並非都那麼壞。視角不同，得出的結論也存在差異。

美國作家亨利．梭羅（Henry David Thoreau）曾不滿火車跑得太快，他提出疑問：「我們為什麼需要火車？」是啊，要那麼快做什麼？如果走得慢點，我們就能享受生活的細節。越來越快的世界中，凡事似乎立即可取，卻也讓人焦慮。

可是，快也不見得就不好。當你感到痛苦時，時間彷彿就會變得很慢。你願意長時間待在痛苦中嗎？所以，你覺得日子過得快，說明你過得還不錯。

好是壞，壞也是好

該如何判斷事情是好還是壞？莊子問：「活蹦亂跳的鬥雞就厲害嗎？」鬥雞的最高標準其實是「呆若木雞」。比起虛張聲勢的雞，看起來很呆的雞，在鬥雞比賽中反而更厲害；老子有一句說法，叫做吐舌露牙。牙齒比較硬，看起來厲害，卻容易壞。一個人老了，牙齒掉光了，可是舌頭還在。舌頭看起來雖柔弱，卻更適合生存。

這兩位表達的意思差不多：看起來厲害的，不見得厲害。是好還是壞？這件事並不那麼絕對。如果人人都說好，這種好就太普通，也缺乏存在感。如果想要有個性，你就不會被大多數人認可。所謂個性，意味著你需要打破一般的標準。換句話說，很多人不認可的個性似乎就是壞。

可是，不被很多人認同的獨特性難道很壞嗎？好聽的嗓音，幾乎千篇一律。擅長歌唱的人，容易喪失有個性的嗓音。破嗓子更有識別性，有可能破出一種新的聲音風格。

如果一個人的畫作被眾人稱讚，未免俗套。如果畫家的作品被評價為醜，它卻是個容易被人識別的特徵。再好看的書法作品也比不過歷代名家，寫醜書或許更有前途。不過，字醜也得讓它們相互匹配，最好醜成一套系統。

再說長相奇異的人，不要輕易去微整形。只要動了眼角或鼻子，其他部位就越看越不順眼，只能一起整形與之配套。長得好看的人，不見得能占多少便宜。相貌奇異之人，反而讓人過目不忘。最好保持這樣的心態：我留著這張醜臉，說不定以後有機會當電影主角呢。

有人長不出頭髮，最怕周圍的人提禿。有個笑話講：外邊的壓路機一開，「突突突」一陣響，許多禿頭人士聽到就崩潰了（因突音似禿）。可是，也有自信的禿頭人士願意展示自己的光頭，把發亮的禿頭當成自己醒目的特徵。

很多把缺點當特點的人，視野更開闊，也更自信。為了顯年輕，安迪・沃荷早早把頭髮染成灰白色，然後宣布：「一旦你不想要某個東西，你就會得到它！」他的邏輯在於，要顯得年輕，最好給自己加上年老的特徵。臉和頭髮不匹配，也成了他的標誌性符號。

人人都怕長皺紋，演員樹木希林卻說：「皺紋是我好不容易長出來的，為什麼要去掉呢？」她這樣解釋自己的特色：「我的臉，應該就是在失誤中誕生的。最起碼，我算不上是美女演員。但是，我一直在努力發掘這一失誤的價值。而且，在如今這個時代，失誤造成的長相反而更加有趣、更受歡迎……我覺得就是由於我用好了這種失誤。」

樂觀的自我洞察，會讓人更勇敢。能自我調侃的人，往往更自信。千萬不要迷信唯一的標準。比如，醜人怕醜，總想修飾自己，往美人的方向靠攏，結果越遮擋、修飾，反而越給自己惹麻煩，最終更醜，而且醜得不倫不類。

事情壞到一種程度，有時候也是一種好。初看難以接受的全新嘗試，有可能帶來有趣的轉變。一個人身上沒毛病，也沒意思，因為一種缺點，往往也是一種特色。看起來不怎麼樣的特點，也許是出人意料的禮物。

反轉視角，意味著好壞無絕對。反轉的洞察，鼓勵我們發揚自己的特點和風格，而不是跟隨主流，追求一種平庸的好。我認識的一位前輩藝術家，專門利用偶然的錯誤進行美術創作。當畫布上有油彩流淌下來或沾上雜物時，這種被破壞過的畫面，反而成了他所珍視的藝術特色。他說：「作畫失誤了，更可貴。失誤，幫我打破心裡預先想好的創作框架。」

又比如，中規中矩的廚師，總是按照一種配料烹飪。為什麼我們不敢隨便炒菜，自己改造一下食譜？加入一些食譜上沒有的配料難道不行嗎？誰能說，這些菜必然是這樣？不正宗又怎樣？為什麼要追求一種真正的標準、真正的書、真正的音樂，或真正的旅行？

如果我們錨定了一個認識的立場，從這個角度去看、去評價，只能篩選出單一標準下的好與壞，把標準定得過於僵硬，只會把好事從生活裡趕出去。如果我們總在想：「別人都幸福，為什麼我不幸福？」這種想法都是在自憐。別人怎麼想，你不知道；而你說不幸福，又是怎樣評估出來的？

無論經歷了什麼，我們都可以選擇看待事情的角度。因為，我們永遠受限於狹窄的現實之中，只有接受了自己的局限性，才能充分認識不如意的境遇，化解生活中的挫敗感。比如，出門玩，遇到下雨，坐在亭子裡休息，看看雨，也是一種情趣；房子被燒毀了，詩人小林一茶卻能寫出下面以苦為樂的俳句：

真美啊，
透過紙窗破洞，
看銀河。

這首俳句的動人之處，在於境界高妙。「破洞看銀河」與「萬物皆有裂痕，卻是光照進來的地方」，二者異曲同工，前者卻更生動有趣，不過，也要看讀者是否具備相應的欣賞情趣。

又比如，銀杏果實雖然聞起來很臭，但是把它們洗一洗再拿去烤，它們就是很好的下酒菜，要我說，銀杏果實這一點點的甜頭都包裹在惡臭之中。果實是否讓人喜歡，取決於你如何加工使用它們。

對人生來說，換一種方式看、解釋，就會有豁然開朗的覺悟：沒什麼大不了。如此說來，擴大眼界、增長見識，才有可能讓目光不平庸，讓人發現與眾不同的美。追求純粹或完美，反而讓人做不出真正有價值的事。如果只有一種好，那就不會出現任何創造性的突破。看起來不怎麼樣的特例，往往開拓了反向視野，啟發我們產生創造性的洞察。

我們習慣性輕視或蔑視的事情，也許是好東西、好機會。**如果缺少轉換視角的能力，我們遲早會因為淺短見識而吃虧**。也許明明得到了好處，我們還不知道。

2 人生近看是悲劇，遠看是喜劇

有一天，老張牽著狗在街上走，一隻兔子讓他的狗失控了。狗追兔子，人追狗，狗丟了。為什麼忽然跑來一隻兔子？老張覺得自己太不走運了！

過了一週，老張發現一位美麗的女郎撿到了狗。不僅狗失而復得，還跟女郎結下了一段浪漫情緣，老張覺得自己簡直太幸運了！幾週後，老張開車去接女郎，被闖紅燈的另一輛車給撞了。真是太不走運了！老張被送到醫院，檢查結果顯示身體無大礙，但他做頭部電腦斷層攝影時，發現一個早期腫瘤，如果沒有這場車禍就不會發現這個腫瘤，太幸運了！

試問，老張到底是幸運，還是倒楣？

只要把時間線拉長，我們就會發現，事情還沒走到最後。好事也許引發下一步的壞事，但我們不見得有機會意識到，只要沒有走到盡頭、生活還在變化之中，我們就很難下結論。生活這條曲線在連續變化，如果身處其中，我們就沒辦法判斷此刻究竟是好還是壞。

我們都喜歡說「祝你好運」，因為朋友們不希望聽到任何有可能失敗的話。可是，如果誠實一點，我們就只能反覆強調：「你所期待的，並不是你所能拿到的。」與期待不符的現狀，也不見得是真正的結果。

我們甚至沒辦法深究好運對應著什麼。你透過好運得到了這個，也意味著沒有好運時，你得到的也許是更好的另一個。世界恆動，你也動。到達地點、實現目標，也許很快，也許很慢；也許目標不見了，也許你因為選擇錯誤，走到了一條更好的岔路上……。

比如有個人，大學沒讀完就退學，如何評價他的決定？如果退學者後來成了成功人士，從後往前看，當年的退學，剛好為他的偉大事業奠定了基礎。如果他沒成功呢？那他的行動就是冒失，甚至愚蠢。

我們的視野局限意味著，我們更容易回過頭，總結發生過的事情，並以結果為依據，理解以前的生活，卻無法向前總結。我們不知道未來有多少可能，因此終究難說好壞。

如果一直盯著好笑的事物，最終將感到悲傷

身處其中，我們總覺得必須這樣。但過一段時間，回頭一看，可能發現並不是非要如此。對生活、社會，也是如此。抽離出來看，站在廣泛視角看，就不容易氣急敗壞，更能接納多變的可能性。就像作家果戈理（Nikolai Gogol）說：「如果你一直盯著一個可笑的東西，最終會感到悲傷。」查理・卓別林（Charlie Chaplin）曾說：「人生近看是悲劇，遠看是喜劇。」這兩句話，包含著相似道理。

觀察一個東西，時間長了或視野不同，觀點也就不一樣。一些事情初看覺得可笑，看

久了覺得悲傷。一些事情起初讓人難過，把視野拉大，在更長的時間線上看，也許它們就不再是悲劇，甚至成了鬧劇。

見過世面，視野變大，人心也大。我們從自己的小世界走出去，走了一圈，就覺得小世界裡面的事情，也不過爾爾。

有一個年輕的朋友跟我抱怨：「太難過了！我好不容易找到了今生所愛，卻談不攏，就這樣分手了，我心裡實在過不去這道坎啊。」我說：「你才二十歲，認識一、兩個人，就認定為今生所愛，這種看法的局限性很大。即便你們現在沒分手，這個人就會跟你度過餘生嗎？大概不可能。再過些日子，你多認識幾個人，就不這麼想了。如果拉長了看，你眼前認定的最愛，不見得就是真的『最』愛。

「過了幾年，你看待事物的角度會有變化，你的想法也會隨之改變。濃郁的感情會變得淡漠，想不開的也總會想開。這並非你的境界變高了，只不過見得多，視野就開闊一些。你在變化，你喜歡的人和事也在變。你當時認為重要的，時過境遷，就不一定重要了。」

一個年輕人擁有光滑的皮膚、俊俏的面孔，他感慨一句：「沒辦法仔細看，比去年老了啊。」我只能提醒一下：「別看你現在老了一些，明天，你會更老。我不是在詛咒你，我說的只是一個事實。」但是我也要強調，你此刻的光彩，仍然值得讚美。如果年齡大了，臉上肌膚不光滑了，你也不用惦記著永保青春。畢竟，那一刻，仍然是你餘生中最年輕的時候。

好比你吃進去的美食，明早都會被排泄出來，但並不能說剛吃的好東西，等同於排泄物。好時光是好的，流年不利的時候，也不能說當初的好時光一錢不值。

咱們走著瞧！

害怕變化，實質是擔心失去控制。

我們無法控制一切，我越來越老，人們離我遠去；曾經重要的事情，變得不重要……這些都意味著無能為力的失控感。為了重新掌控，我們自然而然會祈求不變，祈禱奇蹟發生，讓一切都停下來。為了控制一個人、控制時間、控制行程，讓這些停在此刻，我們想辦法施加各種手段。結果，就像手裡握著一把沙子，抓得越緊，流失得越快。

只有放棄控制一切的執念，才能迎接新階段。我們要接受幸福是個內涵豐富的形容詞，而不是恆定的名詞。如果幸福永恆不變，那麼，人類歷史上，沒有任何人曾擁有幸福。

我們自認不幸福，也許只是認知沒有跟上，是期待沒有實現，所謂的失望，只是期待落空而已。洞察到這點，我們就有可能辨析失望的「具體成分」。

有時候，失望來自期待不當；有時候則來自我們能力不足，或者時機不對。同一件事情，只要換個機會，也許就成功了。看起來很壞的，可能很好；看起來很好的，可能很壞。看起來堅固的，說不定會瞬間崩塌。充滿變化的萬物讓人充滿恐懼，卻也帶來新生機。因此，不要高興得太早，也可以暫緩失望，所以才有這樣萬能的告別話：「咱們走著瞧！」

「走著瞧」這句話很有力度，對得意的人、失意的人同樣公平。暫時失敗的人，只要有盼頭，就有希望；有人即便取得成功，也有可能陷入迷茫。人生還很漫長，往後怎麼辦？生活又不會像電影情節那樣，在我們的顛峰時刻終結。只要還沒死，我們就要不斷往前走。

既然我們都在經歷一個過程，為什麼要一次解決所有事情？或者，為什麼要為自己下一個定論？想要一次性解決所有事情的人，後來發現事情解決不了；想要下結論的人，卻發現情況已經改變。

遇到不順心的事情，不要把它當成絕對，避免將逆境絕對化，大概就是所謂的逆商（Adversity Quotient，簡稱 AQ）。逆商高的人，遇到挫折會面對它、努力試著解決難題。成功解決問題當然令人欣喜，即便失敗了，逆商高的人也會有所收穫並坦然接受。此類人，痛苦時並不絕望，他們總能再次嘗試，主動去做點什麼。

在變化的過程中，更好的策略是盡量主動。主動選擇做一些事，會讓我們心裡更踏實，對自己更有信心。比如，選一個職業，挑一位愛人，變化還是會發生，可是在過程中，至少我們採取了主動姿態。

主動選擇，而不是被動改變，我們會從等待命運降臨的無力感中走出來，樂觀的參與生活的遊戲。我們要享受走在路上的過程，而不是僅僅以道路盡頭的結果論成敗。

3 我消費、我擁有、我有用

以前有個笑話，男人下班回家，向老婆報告：「老婆，我今天沒坐車，跟著公車跑回來，省了一元。」老婆卻不領情，「你為什麼不跟著計程車跑，可以省二十元？」有人可能當笑話聽，但我知道，對很多人來說，這不完全是笑話。

只要窮困的記憶還在起作用，一個人就難以擺脫匱乏感。省錢是一種美德，而花錢總伴隨著罪惡感。無論買什麼，都會引起心理上的不良反應。家長總強調：「你不要亂花錢。」什麼叫亂花錢？就我家而言，基本上只要花錢，就是亂花。

小時候，我只有幾元的零用錢，放學後繞著冰棒箱子轉半天，也捨不得買一根。我爸爸總跟親戚朋友介紹我的事蹟。他的意思是：看看吧，我家孩子多懂事，以後會有出息。

我記得家裡以前總會囤積大量特價物資。為了避免浪費，我們經常從一堆蘋果裡挑選快爛掉的幾個先吃。結果，好蘋果逐漸變爛，而我們總在吃爛蘋果。有貧窮記憶的人，普遍有「感到匱乏」的心理。匱乏的觀念，讓我們的認知視野變狹窄，局限於眼前的「仨瓜倆棗」（瑣碎事物），而我們的行為也因此變得荒誕。例如，我家總是在吃爛蘋果，而不是享受好蘋果；為了省錢，家裡耗費大量時間和精力，住城東，卻硬要坐車去城西買一些便宜的白菜

（加上公車錢，其實沒比較省）。

窮，真的是因為錢不夠嗎？

阿比吉特．班納吉（Abhijit V. Banerjee）和艾絲特．杜芙若（Esther Duflo）在《窮人的經濟學》（*Poor Economics*）一書中列舉了窮人消費的傾向性，大多數窮人並非吃不飽，而是吃得不夠健康，他們寧願花錢看病，也不願提早預防；他們有錢後會購買電視、手機之類的消費品，而不是用於投資和教育；很多窮人的孩子並非上不起學，而是不願意上學，因為早點打工可以提早賺錢。

有的人借款意願很強，他們辦理小額貸款時卻缺乏耐心，不願意詳細了解貸款利息究竟有多少，以及判斷能否承受利息。

擁有這些消費習慣的人的共同特性在於，受制於匱乏視野，他們可能無法接受延遲滿足（更在乎眼下的欲求），更別說為長期收益或風險，而調整當下決策。他們持續的擔心明天怎麼辦，不惜動用未來的時間、金錢，來滿足眼下的要求。越是這樣，未來可能遇到的問題就越多。如此一來，他們可能為了現在，而犧牲了未來，進而深深陷入為現在救火的信貸陷阱。

照理來說，只要我們擺脫了基本貧困，吃飽穿暖，有了一定的安全保障，應該就能緩解「感到不夠」的基本匱乏感。可是，儘管生存困擾不再緊迫，匱乏感仍躲藏在我們心中，它不會輕易退場，依舊源源不斷的製造焦慮。窮人要擺脫基本貧困也許不難；但要跳出匱乏認知的怪圈，擺脫心理上的窮困，並不容易。

這就好比窮與困的區別。窮，指的是物資方面的缺乏；困，則是陷在艱難之中，難以擺脫的狀況。困除了描述物理環境，也與心理上的困境有關。匱乏是一種擁有少於需要的感覺。這麼說來，匱乏的困境並不專屬於窮人。只要受困於不滿足的欲求中，我們就活在困境裡，只不過所需物件不同。

比如，缺乏安全感或親密關係未得到滿足的孩子，即便家庭條件不錯，也要將自己放在憂慮的假設之中。他們過分關注自己缺少的事物，想要用額外的行動，彌補內心深處的匱乏感。

買下來，填補心裡缺口

「總感覺缺點什麼」是一種綜合性感受。匱乏的心總有個空洞，人們要拿擁有物去填補它。「萬事萬物，都要跟我扯上關係。」人們感到缺少的並不是物品本身，而是一些標籤、一些名字。「這是我的包包、我的孩子、我的房子。」人們不斷抓住東西，貼上自己的標籤，讓它們證明自己的存在。

從這個角度，我們就更容易理解消費主義的遊戲規則。總有一個聲音在宣布：你必須擁有，或值得擁有……如果沒有，出現空缺，就有了匱乏。而從消費者的角度：我花錢，我擁有，多麼簡單、多麼直接！這套規則簡化了人們擺脫匱乏，獲得自我滿足的過程。買下來這個動作的確更有進取意味，至於買來後如何使用，反而沒那麼重要。

消費文化又催生了一套自動運作的心理機制：我積極生活，我消費，我擁有主動權。**人們覺得難過時，購物就像一種藥，使人們變得快樂**。透過即買即得，證明自己可以，人們似乎能重獲對生活的掌控權。而一旦缺乏需求，就好比一個人的胃口不好，這是不健康的。「我要透過擁有更多東西，來證明自己。我消費、我擁有、我有用。」如果一直證明下去，人們心中的匱乏感反而會增加。買之前，某件東西有吸引力，買之後，暫時滿足匱乏感，人們又會感到無聊，於是重新尋找感興趣的東西。人們總覺得：我的衣櫥裡永遠少一件衣服，書櫃裡永遠缺一本書，存款位數總少幾個零……就這樣陷入「我需要卻不滿足」的迴圈，想得到的，永遠比擁有的更吸引人。

人們總想在這個失控的世界中抓住一些什麼。我們在擁有物中尋找自己，而總是缺點什麼，幾乎是所有人的基本困境。哲學家尚-保羅．沙特（Jean-Paul Sartre）總結：「現實的精華就是匱乏，一種普遍而永恆的欠缺，這個世界上一切東西都不夠人們享用，食物不夠、愛不夠、正義不夠，時間永遠不夠。」

人們對於「缺少擁有物」感到持續性焦慮，總是試圖抓取眼前的任何東西來囤積。占有錢、占有資源、占有知識、占有名聲、占有愛、占有他人的注意力……在這個列表中，錢被提起數次，只不過是因為比起其他的占有物，它更容易計量、保存。

作為一般等價物，錢的象徵意義，在於可以隨時兌換各種占有物。我們透過擁有某物，在世界上獲得一個位置。因此，我們缺少的並不是錢或者擁有物，而是它們背後的幻影，即我們渴望卻無法輕易獲得之物。

無論愛還是權力，我們擁有的只是一個名詞

我們為了擁有更多而不斷追求。可是，擁有究竟是什麼？我擁有一張桌子或者一本書，就可以隨意處置它。書裡的知識呢？我怎樣才能擁有它們？記住它們，又能永遠不忘嗎？怎樣才算獲得愛和權力？我也要期待愛和權力是持久不變，恆溫保鮮嗎？

如果仔細分析，就會發現擁有是一個虛假性的概念。無論愛，還是權力，我們所擁有的只是一個名字。為了維護這種名義上的占有關係，我們必須使盡渾身解數。為了擁有愛，可能產生強烈的嫉妒和擔心分離的煩惱；為了得到權力，可能要不斷威脅利誘，透過控制手段壓迫他人。這一切都是為了證明「我很重要，沒我不行」。我們害怕失去、懼怕匱乏，終究意味著害怕陷入雙手空空，什麼也沒有的虛無。因為，我們始終難以回答一個問題：「如果我是我所占有的東西，一旦我失去它，那我又是誰？」[1]

對擁有與需要有所洞察，幫助我們反省自己的真實狀況。我的匱乏感是真的嗎？或者它只是一種被虛構出來的幻想？現存的擁有物，不再是我存在的證明，我們還需要不斷重新尋找新的，就像每天都要出去進行新一輪的狩獵活動，因為昨天取得的獵物，已經失去意義。既然新的稀少事物永遠不會缺席，那麼關於匱乏的判斷，取決於我們看待擁有物的角度。

如果不改變觀點，我們的生活就是看似豐富，實則貧乏，我們無法享受更深層的快樂。反觀那些幸福的人，並非他們擁有太多，而是他們有安全感。比如，身心靈曾得到滿足的人，就不會那麼急迫。曾受到充分關注的孩子，不見得生活在富裕家庭中，卻仍覺得什麼都夠用，會將匱乏感控制在合理範圍內。

當我們難以找到存在意義時，我們就會頻繁的伸手去抓，急迫的想要拿到更多，用占有物證明自己並不虛無。匱乏感太強的人，他們的渴望就像個無底洞，似乎永遠也填不滿。他們一輩子都在尋找別人的認可。

難道占有更多會讓我們更有價值感嗎？除非我們心中有愛，不然填補匱乏的一系列行動，最終也只是一場徒勞的遊戲。

1 《占有還是存在》（*To Have or to Be?*），埃里希·佛洛姆著，程雪芳譯，上海譯文出版社，二〇二一年。

4 專業是一套道理，不一定合理

我媽總告訴我：「隔夜茶，不能喝。」後來有一次，我問她：「上午九點泡的茶，晚上九點能喝嗎？間隔十二小時，豈不是比我睡八小時還要長？」雖然事實如此，我媽仍重複她的老道理：「你別廢話，隔夜的茶，就是不能喝。」

專業，有時不太合理

我媽從來不願承認一個簡單的事實。對她來說，隔夜茶是個無法拆分的習慣性判斷。從小，她就拿各種類似的道理教育我。可是，難道向來如此的事情，就是對的嗎？冷眼看過去，這種理所當然並不少見。周圍人的很多說法、做法，都禁不起推敲，如果不加審視，身處其中，還真不見得能發現這些荒誕之處。

比如，我去餐廳，看見服務生上菜時，經常一邊手握盤子，一邊吆喝：「菜來了，盤子燙，小心點……」，如果盤子真的很燙，服務生就不會拿得那麼從容。他喊這句話，只是出於一種習慣，不管盤子燙不燙，他都會這麼喊。順嘴說出來、順手拿起來，按照規矩做下去，都是慣性使然。長此以往，當工作內容或生活習慣僵化時，人的想法就容易受限於一套規則或流程。

我們每天按部就班的工作與生活，就像行為模式固定的機器人。在流水線上生產出來的也許是廢品，可是站在流水線旁邊的人仍然堅持原則，日復一日的重複操作，恪盡職守。

如果跳出來，用另一種眼光去看，我們就會疑惑，為什麼要堅持這套規範？它有沒有道理？引申來看，所謂的「專業」，也是一套道理、一套規則系統，但世界上並非只有一種道理或規矩，**被稱為專業的事物，也不見得就合理，只是我們過於尊重專業的光環**。

比如，如果讓小孩自由繪畫，他們未經雕琢的作品，往往生動有趣，一旦經過專業訓練，孩子們的作品大都會失去靈氣。繪畫培訓班的模式，往往會終止孩子自由探索，讓畫面的線條變得生硬、死板，色彩顯得油膩而刻意。孩子們掌握了一種專業方式，卻忘記畫畫需要與世界保持交流，延伸自己的觀察，並自由表達，而不是按照一種對的模式，完成看起來專業的作品。

又比如，受過專業訓練的主持人，笑容很專業，發音技巧也很完美，不過，一旦學會了運用共鳴腔的發音方式，主持人開口說話就很容易帶上假大空[2]的炫耀味道。如果一個主持人不懂得傾聽，又不會營造氣氛，他就只能用假惺惺的腔調尷尬的聊下去。專業化的聲音，是按照一種標準打造而成，對觀眾來說，這種缺乏個性的聲音，反而是一種溝通隔閡。

我們了解的從來不夠多

什麼是專業或職業的視野局限？在任何領域中，專業或職業，都代表一種標準或原則。人們為了看起來很專業，學了一些方法，但也可能因此掉進視野狹窄的「專業陷阱」：**專業視野提供了一種答案，卻遮蔽了更多可能**。

當一個人持續坐在某張椅子上時，椅子的位置就給了此人某種身分暗示。任何行業都會給人暗示——行為規則、思想方式、解決策略等基於經驗的判斷，我們說得頭頭是道，卻往往是看起來很對的事情發生之後的顯而易見。

我們總想捍衛自己所學的專業方法，為自己擅長的方式辯護。為了讓自己不荒誕，我們就要努力維護專業的邏輯，把事情做下去。專業的媽媽，要捍衛一套歪理；專業的老師，也不想承認自己的知識盲區，還想教育別人。似乎只有自己的一套才是對的。

這就像南斯拉夫（Yugoslavia）動畫短片《學走路》（*Learning to Walk*）裡的情節：一個人出門走路，本來走得很快樂，他迎面遇見一個人，告訴他應該這樣走，過了一會兒，另一個人又告訴他：「不，你應該那樣走。」這些指導意見相互干擾，本來會走路的人，被專

---

2 指內容雖多，但過於吹噓、浮誇，甚至沒有實際意義。

業指導後，反而不知所措，不會走了。

非專業的反問，正是要打破這種顯而易見——為什麼文章要寫得很嚴謹？為什麼要這麼做生意？為什麼要穿這樣的衣服？為什麼要這樣討論問題？從外部視角提問，有可能引發我們對理所當然標準的反思。比如，有一次我們圍繞保險產品進行使用者研究。年輕人告訴我，保險產品之類的東西，對他們來說只是一遝厚厚的說明書。他說：「保險看起來嚴謹、專業，可是我看不懂。不過這東西可能就是不想讓我看懂。」

保險的價值是什麼？在沒有出險的大部分日子裡，保險並不涉及賠付，對顧客來說，保險帶來的應該是「陪伴在身邊，並隨時提供安全保障」的感覺。可是，大多數購買保險的客戶，並不會感受到它的存在，也難以認知其價值，它只是冷冰冰的一遝紙，除了專業，不包含任何溫度。

保險很重要，但除了重要呢？我把這個反思告訴保險行業的高層，他們表示從來沒想過這件事。保險作為一種商品，它存在的形態是否是理所當然的？如何讓新一代顧客，察覺它的存在？他們告訴我，這的確是專業人士需要重新考慮的問題。

事實上，其他行業不見得好到哪裡去。各行各業都在遵循著各自固化的專業習慣。我在各種企業中開工作坊，為了讓經理人有機會跳出專業思維，重新恢復到業餘狀態，我帶著他們去做陌生人訪談，在公共空間見識各種人，男人、女人、富人、窮人、熱情的人、孤僻的人。一開始，經理人覺得很難跟陌生人打交道，可是一旦開了頭，他們就會發現一切都很容易，他們得到最驚人的發現是，「這些人跟我們想像中的完全不一樣！這些人居然會這樣想這件事情，這些人對專業事物的理解，跟我們之前預想的完全不一樣」。

陌生人始終在身邊，而我們都活在自己的世界、自己的邏輯、自己的喜悅、自己的恐懼裡。遇見不同人，會讓經驗豐富的經理人，從不同角度，反思自己的行動和立場。**一旦跟各種人聊天聊得多了，更加了解世界的多樣性，我們就不會莫名驚詫，也會隨時反思自己對人的判斷是否全面**。

問題不是「他們為什麼如此奇怪、無知」，而是在於「我們了解的從來都不夠多」。我們總把自己放在一個叫做專業或職業的圈子裡，裝出「我懂」和理所當然的模樣，讓自己顯得像個思維正常的成年人，我們用行業內的暗號溝通並相互認可，以此獲得職業尊嚴和專業感。

專業人士面臨的最大障礙是自己。到了一定年齡、一定的職業級別，我們都不希望自己問出低級問題，或給出傻氣的答案。良好的教育，讓我們失去了好奇心，專業人士都想自圓其說，誰都不希望被人挑戰，於是，我們臉上通常掛著「我懂，你也懂」的微笑，作為默契的暗號。

「專業的人做專業的事」，意味著將自己局限在框架中。這會造成一種後果：當我們用一種眼光看待問題時，看得越久，越察覺不到問題所在。相比之下，外行的角度通常直觀且有用，畢竟做任何事情一旦深入其中，就會陷進去，唯有若即若離，冷眼看過去，才能得到有趣的發現。內行都在一個軌道上，而外行在另一側——軌道之外。每個人都怕脫軌，可是，以發展眼光來看，現存的軌道都有可能消失。

刻舟求劍的老故事，其實就體現了專業人士的尷尬。內行人認真記錄了寶劍墜入河水的位置，等著以後再來打撈。他的認真是一種美德，可是時過境遷是現狀。未來的到來永不停歇，我們如何應對？

用業餘方式解決專業問題

要想有新的洞察，我們就不能用舊視角。

《多樣性紅利》（*The Difference*）作者斯科特・E・佩奇（Scott E. Page）說：「正確的視角，可以使一個困難的問題變得很簡單。」愚蠢的態度，對應著堅決捍衛一個專業觀念，並排斥多樣性的狀態。而業餘狀態，能讓人放鬆下來，想一想到底怎麼了。用業餘方式解決專業問——這並不是狡猾的自圓其說，而是時代的真相之一。

專家才能解決問題嗎？導師們擁有過去的經驗，可是他們能預測未來嗎？商學院的人說，教學要基於成功的案例庫，過去的成功可以複製嗎？長輩說：「不聽老人言，吃虧在眼前。」這難道不是長輩試圖控制年輕人想法的說辭嗎？

外行人旁觀看見了專業視野內看不到的東西。用業餘的方式解決專業問題，也打破了視野框架，用跨專業的角度，開啟事物的另一個側面。

當然了，如果我們一味的談論大膽創新，也會因為傻氣的冒險，而成為未來的炮灰。我們要不斷洞察、試探、改進，探索一條中間道路，一條兼具命中率和可能性的道路。我們要傾聽經驗，卻不局限於經驗。重要的是，**如果在原有的軌道上行駛久了，也不要輕易否定軌道之外的其他可能**。

第十章

我們和股神的差別——

趨勢的洞察

「聖人見微以知萌，見端以知末。」[1]這句話的意思是，判斷力強的人，看到微小的現象就知道事物發展的苗頭，見到事情的開端，便預想到可能的結果。洞察趨勢，幫我們識別未來的機會是真是假。追求潮流，有可能被潮流沖走；我們看不懂的，有可能最有生命力；那些過時的，還可能流行回來。既然不存在純粹的真理，那就沒有一勞永逸的解決方案，輕鬆得出的結論，最有可能不堪一擊。在不確定性的時代中，我們要持續迭代，反覆思考。

1 手裡拿了槌子，你就會去找釘子

如何開好一家小書店？一位獨立書店老闆陳述了他的理念：「我的書店還是要回歸本源，我要做一個純粹的書店，書種齊全，體現專業性。」我說：「你的觀點不見得是錯的。可是，你想過嗎？從顧客的角度看，你的書店有什麼不可替代的特點嗎？它解決了顧客什麼問題？專業性要如何體現？」這些答案都在不斷發生變化，而且會因人而異、因店而異。

作為獨立書店的老闆，他情懷滿滿，無可厚非。不過，從銷售商品的角度來看，網路上的圖書品種更齊全、價格更優惠，物流也很快，如果獨立書店僅僅銷售品質無明顯差異的標準化商品，商品價格又比網路高，顧客為什麼要在你的小書店買書？

一旦顧客進店只看書、不消費，老闆恐怕要大聲抱怨：「這是文化的悲哀啊！偌大一個城市，容不下一個書店？」這樣感嘆下去，即便讓人同情，也無法讓生意更好。

無論如何，書店從根本上還是一門生意。至於書店是什麼？這種問題並沒有標準答案，

1 出自《韓非子．說林上》。

任何商店都需要提供特定的產品或服務，讓顧客消費，才能延續生意。具體來說，顧客關心你準備了什麼商品？它提供怎樣的獨特價值？我為什麼要為此花錢？而獨立書店的經營者似乎更喜歡這樣問：我們擅長什麼？我們應該提供什麼？兩者的差異在於，從什麼角度提問，又想在什麼區域尋找答案。

這就好比醉漢在燈下尋找遺失的鑰匙。「你的鑰匙真的掉在這裡了？」他的朋友問。醉漢指著黑暗的遠處說：「在那裡……。」「那你為什麼在這裡找？」朋友問。醉漢回答：「笨蛋，在路燈底下，我才看得見呀！」為什麼醉漢在燈下找鑰匙？只是因為路燈下比較明亮，只有在明亮的地方，他才看得見。

我們是不是也在路燈下找答案？這個故事揭示了一種傾向——我們總是用熟悉的思考方式，探索看起來知道的部分，在習慣的燈光下，如同在熟悉的思維框架下、明亮的舒適圈（comfort zone）中，搜尋顯而易見的論據，論證早已成型的結論。

如果遇到不符合預期的現象，乾脆予以排除。這也意味著，只要手裡拿了錘子，我們就會去找釘子。當捍衛自己熟悉的價值領域時，我們下一步的決策，就會帶入已知的偏見。

書的價值是什麼？當談論書的價值時，我們不僅要考慮書的意義，還要關注人們如何使用。人們讀書，有時為了尋求知識，有時將其當作娛樂；有時為了尋求安慰，有時為了尋求實用方法，比如贏得競爭、獲得升遷，或是學一點戀愛和烹飪技巧。有人讀書尋求哲理和詩意，也有人只是裝裝樣子、拍拍照；有人在自己家裡擺滿書，只是用來點綴房間，把書當成一種文化裝飾品。

買書的人，不見得都是為了讀書。我們讀過的書，也不見得都讀懂了。那麼，書是必需品嗎？對有些人來說，書是精神生活的象徵，是不可替代的。可是，作為實體的書，不再神聖而稀有，因為當代人有很多方式可以獲取資訊，況且若只談知識的傳播速度，實體書算是最慢的一種媒介。

開書店的人認為，實體書和書店不可替代，這也只是店主人的一種執念。就好比有人宣布：「只要是人，就必須吃飯。」這聽起來似乎不錯。

如果飯指的是米飯、饅頭等碳水化合物，人們已經吃得很少了。我用菜、肉代替了飯，因為我認為，菜和肉是更好的「飯」。儘管碳水化合物的主食曾經提供身體所需的大部分能量，但它現在的競爭對手，並不只是另一種主食。

開辦公司，要租用辦公室，很多人認為這是必要的。但最近這幾年，很多公司都不準備那麼多座位了。

公司需要的並非辦公空間，而是聚集在一起辦公。因此，辦公室的競爭對手，不僅是其他辦公大樓，還有能滿足聚集辦公需求的其他場所，例如共享空間、咖啡店，甚至遠端工作軟體、虛擬會議室。

想想客群是誰，能提供什麼服務

那麼，書店的價值是什麼？書店曾經是專門分發知識的空間，但現在提供知識或資訊的主體不再是書店，甚至書也不再是主要載體。書店僅僅是由實體書組成的文化空間嗎？它不僅僅提供書和文化。一家書店的競爭對手，也不再僅是其他書店。在某種程度上，如今的書店與咖啡店更有可比性。它們都是介於工作與生活之間的「第三空間」，書店讓人們度過一段休閒時光，提供的是空間與時間的雙重價值。

在大學校園，書店是學生自習、活動的公共空間，同學們在書店寫作業，聚會、打發時間；在市中心、商業區內，市民約在書店會客並談事；遊客則透過書店了解這座城市的文化和特色，獲取當地的最新動態，購買紀念品。

在成熟的居民社區周圍，書店以家庭為主要服務對象，顧客是帶著孩子的爸爸媽媽、爺爺奶奶。對親子讀者而言，社區書店的價值，堪比課後補習班或遊樂場，家長在這裡帶孩子，親子度過一段休閒時光。

那麼，書店的經營者就應該思考，如何讓擁有不同訴求的顧客，獲得更好的體驗，並為此付費。如果顧客將書店當成打發時間的社區空間，如何讓他們為時間付費？如果親子用戶是書店的顧客，店家如何設計出幫助孩子成長的空間？如何做出更好的親子文化體驗？每家店的位置、顧客不同，需要回答的問題也有所差異。

作為任何一種生意的經營者，都不該自說自話，而是要貼近顧客的理解方式，關心顧客的所思所想。所謂定位價值，就是在產品或服務的提供者與使用者之間，找到一個適合的位置。為了把握趨勢，我們還要反思商品的核心價值是什麼，追問這種價值的獨特性，以及可持續性。

很多網紅店開業，火了一陣後就難以為繼。開店快，關的也快。究其原因，是因為網紅店追求不同以往的新產品和新環境，卻沒有能力持續提供新奇價值。如果網紅店的核心價值只是新鮮，就只能不斷的用今日的新鮮，來超越昨日的，努力讓現在的新鮮變得更新鮮。如今的潮流難以捉摸，流行週期也在變短。一旦主打新鮮的店變得不那麼特別，它就會被顧客拋棄。

奢侈品品牌紛紛入駐短影音直播平臺，模仿網紅模式，採取社群行銷。不過，高貴冷豔的精品品牌如果也高調直播，為了提升熱度而四處彰顯存在感，就有可能顯得格調不高。

精品品牌，需要讓顧客保持相對穩定的高貴認知，也需要維持一定的距離感，奢侈品非但不能輕易降價，還必須穩定調漲。名牌需要與顧客保持溝通，但風格不能太俗氣。如果品牌方經常弄出熱門話題，又賣力打折去庫存，品牌的幻想功能就會被削弱，也會失去影響力。如果缺乏「稀有」的價值支撐，就會讓顧客產生大牌賣出地攤貨的失望感。

怎麼決定這個東西有沒有價值

產品價值並非固定不變。價值因時而談、因事而論。如果離開具體的時間、地點和人物，評價需求和價值就沒有著力點。

這就好比，如果比較油和水的價值，我們都會認為油比水貴，尤其是石油，可是，當一個人被困在浩瀚的沙漠之中時，他需要油嗎？他當然覺得水更有價值！因此，價值不是靠事物自身來呈現，而是依託於周邊環境、他人以及社會的認定。價值是在特定交換的過程中體現的有用性。如何開書店、開飲料店，或如何經營奢侈品店？做任何生意，都沒有標準答案。洞察某個生意，需要盯著它的關聯性因素，關心顧客如何識別產品或服務的價值，顧客處在怎樣的位置上，會拿這個產品或服務做什麼。

無論開書店、飲料店，還是經營奢侈品店，任何產品或服務的價值，都需要獨特而可信。同樣叫做書店或飲料店，由於區位、經營方式、顧客使用方式等因素不同，每間店的價值差異都很大。

如果跟風模仿別人做生意，以為自己找到了門道，其實缺少可信且獨特的洞察，這門生意也就沒什麼獨特價值。換個角度來說，真正有獨特的生意，不僅占位特別，價值還很難被挪用、模仿。另外，有生命力的生意，一定能與顧客保持對話，隨時洞察顧客情感與行為的變化趨勢，如此才能實現與顧客的共同成長。

2 從不起眼的細節找改變

我去某開發區出差，搭計程車時遇到一個老司機，他為我講述這附近的最新動態。他指著道路兩邊的招牌說，這家工廠的生意不行，那間公司的生意不錯，某某工廠的生產與銷售處於半停滯狀態等。這位老司機的判斷依據，就是每天接送乘客上下班得到的資訊。

在路口等紅燈時，他又跟我講：「如果這個路口塞車，那咱們開發區的生意就好起來了。」老司機每日都會更新發現，這比統計處提供資料的速度更快。他的結論具有高度動態性，他甚至可以透過特定場所的人群活躍情況，預測近期的經濟狀況。

我去過很多城市，也跟當地司機聊天，了解了不少城市的最新動向。他們的介紹讓我快速理解這個區域的情況，比媒體上的報導直觀得多。各種現象、說法，都是藏在城市微血管之中的細節，看起來不起眼，卻透露出正在發生的變化，以及未來發展的端倪。

判斷趨勢，不能只靠數據

如何判斷趨勢的變化？有些經理人告訴我：「我們擁有大數據，掌握大量資料，就可以清楚把握趨勢。」但是我們都清楚大數據有怎樣的局限性，我們要求大數據的來源具有整體性、準確性、即時性，兼顧多樣性，這種理想化的資料蒐集其實很難做到。

即便做到，資料統計也是抽象的，人們很容易忽略複雜多樣的細節，以及具體徵兆，進而得出錯誤結論。如果我們想要了解某個區域是興盛還是衰敗，最好的方法是到那個地方的街上散步，跟司機或當地人聊聊，而不是盯著資料報告。

美國統計學家奈特・席佛（Nate Silver）的專長是分析棒球比賽資料，以及預測選舉結果。此人是大數據專家，卻提出了反思：「數據究竟是對未來有所幫助的訊號，還是毫無意義的雜訊？」

在分析棒球比賽時，席佛注意到了球探的工作。為什麼美國職業棒球大聯盟的資料非常詳盡，球探的工作卻仍然無法被數據取代？他給出了答案：大聯盟數據系統的判斷依賴的是歷史資料，而球探除了看歷史情況，更注重現場判斷。「球探在現場觀察球員的動作細節，並藉此了解某位球員的信念以及專注力。」

信念感及專注力，這個觀察指標十分抽象，系統無法測量它，但它是預測球員潛力的關鍵，研究者需要親臨現場關注球員的細節，並透過洞察他們的臨場反應，得出預測性結論。

如何判斷某項生意的前景？很多投資人的說法，跟球探的工作方式異曲同工。一位投資人告訴我，為了準確判斷某個煙燻醬連鎖專案的生意，他要挑幾家店看資料，再選幾個時間段考察幾天，計算客單價、銷量、銷售利潤。此外，他也看重消費者的回饋細節。

比如有一次，消費者的一句話打動了他：「穿著睡衣就能吃！」在觀察周圍人的吃相後，他下定決心投資。這種品牌煙燻醬食品，你說它低端，但是它迎合了大量中小城市的市場。有一定的群眾基礎，這種食品還可以更進一步開發，有機會開拓更多的消費場景。

如何識別用戶未被滿足的需求？如何預測一種商品的未來？投資機會並不會直觀的擺在桌面上，被所有人看見。也不要只是根據盡職調查報告指點江山。儘管市場數據十分詳盡，但它也僅僅體現了既有狀況，並不包含更多的靈感。**消費者的行為細節包含大量偏好、顧慮、偏見。洞察的任務，就是從不起眼的細節中找到一些改變的可能性。**

比如，有資料顯示，老年人並非科技創新產品的典型用戶，他們對科技產品的購買率很低，似乎對相關產品不感興趣。家電廠商因此得出一個結論：老年人並不是新銳科技家電的目標客群，這樣的分析聽起來很有道理，有人因此下了結論：年齡大的用戶不喜歡華而不實的科技產品。可是，我們研究了老年用戶的消費習慣，透過觀察細節，我們發現高收入、高文化背景的老年人群體，非常有可能購買新潮的家用電器，只不過，他們的消費決策需要一些先決條件。

第一，要有可信的朋友或家人引薦，為老年使用者打消顧慮。比如，某高級果汁機的操作並不複雜，一學就會。可是如果沒有熟人一起操作，老年人根本不想嘗試。他擔心搞錯流程、手忙腳亂，顯得很蠢。熟人在旁邊介紹並共同探索，便打消了老年人的顧慮。

第二，老年使用者更需要眼見為憑。在熟悉的環境裡，讓長輩親眼看到商品的實際效能，能有力的推動他們的消費決策。比如，某種掃地機器人收集到很多灰塵與雜物，長輩看見機器人居然可以從自己家的櫃子下、沙發角落裡，掃出這麼多汙垢（而他們每天清理，也沒見過這麼多），很快就喜歡上這種新產品，並買下一臺。

從數據上來看，年長者對科技產品的購買率不高。可是，銷售數據只說明現狀，並不會展示潛在機會。數據無法替代真實細節，而用戶細節包含人們情感的微妙部分。顧客的一舉一動，包括遲疑或猶豫，都有可能意味著全新的商業機會。

比方說，數據資料顯示，都市裡養寵物的年輕人越來越多。一位養貓青年說：「貓有時候像朋友，有時候像孩子。」我們了解到一種現象，隨著城市人口出生率的下降，在家庭中，貓、狗等寵物代替了孩子的位置。

都市青年把寵物當孩子養，這是事實。可是這個對於判斷趨勢，對投資人以及生意合作方無法直接打動他們。透過調查研究，我們整理了更豐富的用戶洞察描述：

養貓青年張點點發現自己的貓偶爾嘔吐，掉毛量也變大，他為此擔心，想搞清楚發生什麼事。張點點嘗試在不同平臺上尋找答案，發現關於病症的描述差異很大，他很迷惑，不知該信哪個。

張點點去寵物醫院，醫生答覆說：「換季正常現象，再觀察看看吧！」在觀察期間，張點點很焦慮，希望獲得更翔實的即時回饋，又想避免不必要的開銷。

從上述描述，我們看到的是一個鮮明的顧客模樣。養貓的張點點有血有肉，他不是統計表格中的一個資料。

宏觀資料顯示：寵物食品、寵物美容、寵物家具、淨水器、寵物寄養、代餵等產品和服務，都有很好的投資前景。更豐富的顧客細節，讓決策者對養寵物現象有更深入的理解：寵物主人在寵物身上消費，只是行為表象，更值得我們關注的是年輕人在寵物身上傾注的時間、精力、感情。要站在他們的位置上，思考如何像養孩子一樣照顧寵物。細節豐滿的洞察，為投資決策提供了扎實的依據，讓投資人或管理層更有信心，也為後續的產品研發，找到了切實的定位標準。

未來十年，有什麼是不變的

此外，用戶細節往往包含人心中不變的傾向。如何在變動的趨勢中把握不變，有可能成為企業決策的關鍵。正如傑夫．貝佐斯（Jeff Bezos）所說：「總有人問我未來十年會有什麼變化，但很少有人問我，未來十年，有什麼是不變的。我認為第二個問題，比第一個更重要，因為你要把戰略建立在不變的事物上。」

雖然未來難以預測，人心中不變的特質卻可以把握。「歷史不會重複，但會押韻。」在相似的趨勢條件下，人們的情感、行為形態換湯不換藥，它們會換一種方式，再次出現。例如，在經濟下行的狀況下，消費領域有什麼機會？口紅效應（lipstick effect）告訴我們，在經濟不景氣的時期，女性消費者會購買更昂貴的口紅。

口紅效應在不同的歷史時期都已得到驗證，其普遍適用性在於，即便預期收入將降低，人們仍然會購買奢侈品。只不過，消費者會購買對其可用資金影響較小的商品。具體來說，消費者會選購更好的口紅，而不是便宜的皮大衣。

在經濟下行的時期，人們不願花大錢買電視、洗衣機，但想讓自己開心的願望一直存在，口紅之類小巧的日常消費品，可以隨身攜帶，花不了太多錢，卻能讓自己開心。高級口紅暗示了一種高品質生活，具有慰藉心靈的象徵意義。

我們注意到在網路討論中，也涉及與口紅效應相關的話題：在預算有限的情況下，哪些好東西會提升幸福感？網友推薦的商品從萬用去汙劑、平底鍋，到水晶跳繩、3D鞋墊、電動牙刷等。琳琅滿目的商品，其相似點在於，雖然價格略高，卻與日常生活的舒適感有關，讓我們切身體驗到價值感。

在生活用品中，溼紙巾、嬰幼兒專用衛生紙之類的高端產品，已經是一些家庭的生活必需品。針對肌膚護理、廚房料理、特殊護理等不同場合，有不同的專用衛生紙。這類紙用品意味著人們的感官在不斷升級，美髮、美甲、按摩、SPA之類的放鬆生意都有所增長，香薰、香氛之類的嗅覺商品，也有突出的市場表現。這些商品或服務的共同點都與消費者的身體有關。

人們為悅己而消費，利用小貴的消費升級，讓自己獲得情緒和身體上直接的快樂回饋。又比如，名為盲盒的文化產品正在流行。消費者用幾十元，買個貌似沒用的盲盒，其實也就是在消費一種驚喜和期待。這類產品的消費門檻低，從購買到打開的過程，也具有一定的儀式感，且這類商品具有很強的社交功能，朋友們都有機會參與討論，產品本身又便於相互分享。

在類似於口紅效應的趨勢下，消費品的市場機會，還可以有更多。升級中的昂貴小物件，都有可能成為提升生活品質感的「口紅」。在這種消費趨勢中，大家的預算雖然有所減少，但對生活品質的要求並未降低，甚至在朝奢侈的方向轉變。

在消費市場上，未來會發生什麼？賈伯斯曾經否認市場調查的可用性，他說：「在我們為消費者展示產品之前，他們不知道自己需要什麼。」可見，**看懂消費者到底需要什麼，與跑去問消費者需要什麼，是兩回事**。

當我們提問時，消費者只訴說現狀，不負責預測；而我們也不可能超越既有的經驗，只能立足於現有的細節，分析消費現象的微妙之處。

為什麼難以有更深入的洞察？我們所擁有的資訊太多，以至於對於用戶的研究不仔細。我們做了很多研究，卻很難注意到有意義的細節。（就像老人買高科技產品的決策過程、貓主人的困惑，或廣泛存在的口紅效應。）我們需要思考這些細節意味著什麼。**細節的意義是帶來啟發，而不是驗證我們的看法**。

3 讓人不舒服的事，就是商機

無印良品，顧名思義「沒有品牌的優良商品」。這個品牌的商品包裝簡約、注重環保、提倡適合就好、主張回歸生活的本來面目。在消費主義盛行的日本泡沫經濟末期，無印良品去掉品牌特徵的關鍵操作，與大部分競爭品牌炫耀、誇張的形象形成了鮮明對比。

從一九九〇年代開始，審美反轉的無印良品就像一股清流，獲得日本消費者的廣泛認同，並在世界各地取得成功。洞察社會文化趨勢，在文化、藝術或商業領域，我們都可以看到一種往復循環的趨勢性規律。

一旦可選的商品多了，消費者感到不堪重負，就會反思「我究竟需要什麼」。在狂熱囤積物品後，人們會轉向斷捨離的樸實生活。大家一度偏愛色彩濃豔、熱情奔放的風格，接下來就可能走向相反的另一端，以黑、白、灰為主的冷淡風設計，有機會大行其道。

無印良品用去掉品牌特徵的主張，對抗過度品牌化。在眾生喧嘩的年代，樸素而簡化的品牌策略，非但不老土，反而體現出與眾不同的先鋒意味。

到了二十一世紀的第二個十年。中國的新中產家庭，厭倦了家居市場上的假歐式浮誇風，無印良品的質樸美學，剛好成為新中產家庭尋求身分認同的新歸宿。反品牌的品牌，居然成為受人追捧的輕奢品牌。當然，任何策略都不會持續奏效，在簡單與複雜中間，還存在著各種可能性的灰度。過不了多久，消費者又會對冷淡風格感到審美疲勞，再次醞釀審美的新反轉。

物極必反式的趨勢演變，同樣發生在牛仔褲的流行文化史中。十九世紀中期，牛仔褲誕生於淘金熱時期的美國舊金山（San Francisco）。當年淘金者的工作環境異常艱苦，他們沒條件洗澡，更別提換洗衣服。吸汗、結實、耐用等特徵，讓牛仔褲成為理想的勞動服裝。二十世紀一九三〇年代，隨著西部片的流行，牛仔褲走進城市人的視野，向時尚領域發展，成為一種時髦的新銳裝扮。到了一九六〇年代，嬉皮[2]用牛仔服裝隱含的野性風格（強健、有活力的），表達他們那一代人的反抗情緒與頹廢色彩。

從淘金者穿的工作服，到西部片明星的裝扮；從嬉皮士的心頭愛，到現在全世界都接受的一種普通裝束，牛仔褲疊加了各年代的文化要素。要知道，在牛仔褲的誕生年代，十九世紀的歐美女人如果穿褲子而不是穿裙子，那就是一種違反社會規則的行為。

現在呢？一條牛仔褲，即便被故意摳出許多破洞，布料被不規則的漂白或潑上各種顏色，出現再多古怪的變化，我們也不會少見多怪。時至今日，牛仔褲曾經自由、反叛的文化

2 用來指西方國家在一九六〇年代和一九七〇年代，反抗習俗和當時政治的年輕人。

內涵，幾乎消失殆盡。

審美看似牢不可破，實則一再被顛覆

透過牛仔褲和無印良品的案例，我們看到大眾普遍接受的一種文化慣例，會被新出現的可能性挑戰。一些勇敢的另類探索者開闢了新道路，隨著不斷深入探索，一種新銳風潮終將打破傳統風格的桎梏。原有的文化規則不斷被衝擊，直到做出改變。審美的平衡局面一旦被打破，背後的文化價值就會被重新評估，當新風格的衝擊力足夠強大時，曾經另類的先鋒作品，就成了新主流。先鋒觀念，就像牛仔褲一樣，一開始不被認同，到後來隨處可見，也因此逐漸失去了反潮流的銳氣。

任何年代的審美秩序，看似牢不可破，事實上不斷被顛覆者一再穿透。社會思潮與商業變革相互推動，舊標準被打破、邊界被拓展，直到下一波的審美觀念興起，再來挑戰前一波，如此往復循環。

在藝術領域，當年學院派的老藝術家，看不上印象派的新畫家，認為他們的作品草率如兒戲，不登大雅之堂。到了二十世紀初，剛接受了印象派作品的藝術評論家又看不懂以亨利·馬諦斯（Henri Matisse）畫家為代表的新銳畫家，認為這些畫家的作品野蠻原始、形象粗暴，簡直就是野獸出籠。

接下來，輪到被稱為野獸派的馬諦斯看不慣更新潮的下一代。他曾建議畢卡索不要展出新作〈亞維農的少女〉（*Les Demoiselles d'Avignon*），他認為這幅作品是有害的煽動，同行藝術家也認為畢卡索發瘋了。可是，眾所周知，後來〈亞維農的少女〉成了全球藝術界公認的現代主義代表畫作。

在文學領域，我們記得，亞爾・皮耶・波特萊爾（Charles Pierre Baudelaire）的《惡之華》（*Les Fleurs du mal*）誕生之初，遭到了猛烈抨擊，引起人們的好奇。當初，審稿人對弗拉基米爾・納博科夫（Vladimir Nabokov）的小說《蘿莉塔》（*Lolita*）的評價是：「此作整體令人作嘔……我建議把這本書埋在一塊石頭下一千年。」可是，這些壞書後來成了文學經典，在全世界流傳。

具有穿透力的藝術新作橫空出世，會挑戰以往的審美規則。這些打破既定規則的作品，往往讓大多數人感到荒謬、滑稽、奇怪，一定會遭到廣泛質疑，因為它們不是在試圖改良，而是在破壞原來的審美標準。

人們看不懂、看不慣，是因為舊的觀點無法解釋橫空出世的新作。正如作家保羅・亞頓（Paul Arden）所說：「如果作品非常新奇，你無法立刻喜歡上它們，那是因為你沒有其他參考。」

文森・梵谷（Vincent van Gogh）生前窮困潦倒，他的作品沒機會參加展覽，更別說出售。現在呢？他幾乎成了現代藝術家的代名詞。沒有人會質疑他作品的藝術價值。梵谷的作品圖案，甚至被印在床單、沙發套上；而不計其數的複製品，被掛在了世界各處家庭的客廳、臥室或廁所的牆上。

又比如，日本設計師山本耀司，宣稱要炸掉原來的歐洲時尚標準。他用新的設計，質疑歐洲時尚界的共識：為什麼女人非要打扮得花枝招展，像個洋娃娃一樣？為什麼需要那麼多浮誇的裝飾物？為什麼要用華麗的衣服吸引異性的目光？

山本耀司設計的服裝，用一種無國界、無民族、無性別的手法，破壞了被歐洲設計師主導很久的時尚審美標準；無論顏色、圖案，還是凸顯身體曲線的版型，都被刻意抹掉。他迅速成為時尚領域的旗幟人物，世界各地的設計師都無法忽視這種創作觀念的影響力。

讓人感到不舒服的新東西，往往是新商機

大眾所能接受的審美趣味，往往尋求平衡，不溫不火，因此會趨於保守。少數人提出的新風格，通常是老權威所反對的，卻有可能帶來撼動大眾的新風氣。這些與主流口味對著幹的新風格，讓人看不慣，但具有極端氣質，往往也更有魅力。只要假以時日，一些刺耳刺眼的作品，也許就能引領新一代風潮。

觀眾曾以沒寫完、畫得不像，或品味拙劣為標準所批判的一些作品，後來成了市場上令人讚不絕口的熱門大作。

最後變成大師的反叛者，最初被稱為另類或瘋子。他們勇敢，活力充沛，也沒有那麼多顧忌。就像蘋果早年廣告臺詞所說，一些人看到的世界與眾不同，他們以各種新的方式看待事物。不過，過了幾年，即便是最有力量的舊日先鋒，也會淪為疲軟的老一代。時間久了，新銳藝術的反抗精神會日益衰減，新銳藝術會從不可思議的創造物，變成尋常的消費品。

比如，搖滾樂曾是反抗文化的代名詞。搖滾樂直抒胸臆，勇敢追問時代命題，保持天真、拒絕妥協，追求心靈的真實表達。有人評價搖滾樂：「就像一塊滾石。」搖滾樂就像一塊硬石頭，它不服從的姿態，與堅持反抗的社會思潮有關。

什麼是搖滾樂？如果我們現在討論這個問題，已經很難給出公認的答案。進入大眾藝術領域之後，搖滾樂的反抗屬性越來越弱，幾乎成了音樂風格的一種，或者僅僅是一種消費概念。在音樂傳播的領域中，凡是感情強烈、節奏激烈、加入大量電吉他編曲的流行歌曲，都有可能被歸入搖滾一類。

我們看到，無論牛仔褲、梵谷的作品或是搖滾樂，都經歷了相似的大眾化的過程。一旦新銳藝術融入大眾消費領域，被文化產業收編，被擴大規模量產，就成了一種消費風格。

文化工業的傳播，傾向於使利潤最大化。大眾化的產品需求大、利潤高，產品週期也更長，比起小眾產品，文化產品越大眾化，消費障礙越少。因此，成功的藝術作品，一旦被大眾廣泛認知，便變得乏味。最流行的產品看起來、聽起來，都似曾相識。它們往往出自一種容易被大眾認知的模式。從這個意義上講，如果文化產品不夠平庸，就無法真正流行起來。

可是，當我們洞察未來的發展趨勢時，反潮流現象仍然值得重點關注。對新一代消費者來說，反潮流仍被視為一種很酷的選擇。在大家都用無線耳機時，潮流引領者開始用有線耳機；當人們熱衷於線上社交生活時，有些人逃離社群媒體，摘掉數位面具，去嘗試沒有數位化的原始生活。

一代人有一代人的藝術語言，新一代年輕人呼喚屬於他們的新趣味。比方說，搖滾樂的反叛地位，被新一代的嘻哈饒舌取代。老搖滾雖然不錯，但是年輕人說：「那是上一代人的語言了。」

讓人感到不舒服的新東西，往往是新的市場機會。一開始，唱反調的個例好像是瘋人瘋語；但到了後來，這些個例發展壯大，便有可能開啟藝術與商業的新篇章。

當我們預測趨勢時，可以去大膽設想當下流行事物的反義詞。比起讓我們感到舒服、沒有認知障礙的作品，讓我們緊張，甚至反感的事物，更有進一步探索的價值。畢竟，未來最有可能煥發生命力的新趨勢，很大機率來自最初我們看不懂的萌芽。

4 無限猴子定理

很多人察覺到自己身體有異狀，就上網搜尋自己得了什麼病，結果越查心越慌，越查越害怕。

我們從網路上搜尋出來的病名五花八門，甚至可能找出某種絕症。可是這些答案，十有八九是無稽之談。一種症狀，對應太多可能。搜尋引擎似乎給出一些答案，可是缺乏真正依據，有可能讓人白緊張一場，也有可能耽誤治療時機。

如果去醫院，我們遇到的醫生水準也可能大有差別。缺乏信心的實習醫師需要翻看醫療手冊，逐條核對。經驗豐富的醫生呢？他們可以針對病人的情況持續追問，甚至不需要做太複雜的檢查，就可以排除或鎖定病因。好醫生的診斷依據，並非只靠症狀資訊或書中知識，更多的是過往的經驗，他們擁有更強的洞察力。

下班高峰時段，叫了計程車趕路，如果我遇到經驗豐富的司機，那就妥當了。他們選路線，不會受限於導航給出的路線提示，他們知道這些 App 不見得信賴。

地圖上顯示可以走的路，不見得走得通；上面提示的塞車程度，也不見得就是真實現況。此刻的路況不是一小時後的，等我們開車過去，就到了另外的時間段，一切消息，都要以司機的經驗加以修正。

如果我遇到一個緊張的新手司機，他對導航言聽計從，不撞南牆不回頭，那可能就不太妙了。如果一個司機放棄了自己的觀察和判斷，只照著導航指出的路開，就很有可能把我們帶進溝裡。

在複雜的世界中，任何原因與結果，都存在著無數種組合方式。內行的司機會根據情況選擇不同的路；有經驗的醫生，會憑藉患者的狀況綜合判斷病症，新手和老手的差距就體現在這裡。

是真懂還是假懂？

新手只會根據一點提示，依據局部資訊或知識，按照一個公式機械化推論。他們會將相同的模式，套用在很多現象上，得了一點甜頭，就停止思考。而老手無論開車還是抓藥，都不滿足於一種答案，他們會根據經驗做出全局判斷，看見不同可能。前者被資訊或技術掌控，後者掌控資訊，讓數據和工具作為洞察趨勢的資源。

這就好比我身邊的一些朋友，學了一些理財知識就跟風炒股。他們小試牛刀，最開始賺了點錢讓他們沾沾自喜，覺得自己找到了財富的規律。後來他們被套牢，又罵消息不對，財富規律出現偏差。

即便消息是真的，買入的機會對了，也很難把握賣出時機。我們以為自己掌握了技巧，其實不是真的懂。在短時間內，運氣幫了我們；時間一長，我們的弱點就會暴露，所以才出現了一種現象：靠運氣賺來的錢，最終又靠本事賠了回去。我們是真懂，還是假懂？掌握了一些知識，我們就懂了嗎？任何人看了幾篇分析文章，碰上了好行情，都有致富的機會。冷靜分析一下，我們明明知道這幾年炒股賺錢只是偶然，可是仍然覺得自己是能抓住機會的極少數幸運兒。很多時候，我們只是以為自己懂。

有人學了股神華倫．巴菲特（Warren Buffett）的說法，聲稱要做長期價值投資，可是什麼是價值？長期又有多長？要想回答這些問題，用的不是知識，而是持續的洞察力。

只要我們願意，利用手機和電腦，就有機會接觸到無窮無盡的資訊和知識。即便看到相同的消息、同樣的訊號，我們可能仍然不知道如何判斷它們是好是壞。**我們跟股神的差距，並不是知識量或訊息量，而是對趨勢的洞察力。**

即便擁有全部知識，仍要靠智慧辨別

智慧和知識有什麼區別？

知識可重複、可累積、可沿用，例如，地球繞著太陽轉、一加一等於二，這些事情不會變，但智慧會不斷的變化、延伸，將不同的知識，編織成有差異的網路。智慧雖然依託於經驗和知識，卻要靠靈感來實現。比如，大多數人都會寫字，卻不見得能寫出什麼重要作品，更別說《哈姆雷特》（*Hamlet*）這樣的著作。

《哈姆雷特》為什麼重要？因為這部劇複雜的人物性格，以及豐富的悲劇藝術手法，代表整個西方文藝復興時期文學的最高成就。它不是知識的堆積，而是智慧的創造，多少大作家致力於挑戰高峰，與之一較高下，卻最終自嘆不如。

關於《哈姆雷特》，曾有一個著名的思想實驗——無限猴子定理（**infinite monkey theorem**）。在無窮長的時間後，即使是用打字機隨機打字的猴子，也可以打出一些有意義的單字，比如 **cat**、**dog**。以此類推，總有一隻足夠幸運的猴子，或連續或不連續的打出一本書的內容，即使其機率比連續抓到一百次同花順還低，但在足夠長的時間（長到難以計算）後，其必定發生。

如果猴子一直打字，也許有機率打出一部《哈姆雷特》。暫且不說猴子需要耗費多少時間，最大的問題在於，如何從不計其數的文本當中，鑑別出具有《哈姆雷特》水準的隨機作品？

不僅寫出一部《哈姆雷特》需要智慧，就連欣賞這部作品，並意識到它的偉大之處，也需要智慧（甚至是更高）。

沒有任何程式能鑑別出一首詩，或一張畫比另一個作品更高明、更偉大。人工智慧透過學習，可以自動鑑別出作品的相似性並輕鬆模仿，卻無法衝出創作規範，創建前所未有的新觀念。

很多人的夢想仍然是掌握更多知識。他們期待未來有一天，黑科技讓知識自動存進大腦，做夢的時候下載知識，醒過來人就博學了。

不過，即便把人類全部的知識都存在大腦裡，我們依舊需要用智慧去判斷和挑選。我們需要新的靈感來打破舊的連接，透過犯錯，開拓新局面。我們仍然得努力用洞察力，寫出突破標準的好作品，並持續為已有的作品賦予新含義。

因此，知識本身並不是力量。**當知識、資訊被重新連接起來時，我們質疑並打破原有結論，得出有創新性見解的新結論，才是力量所在。**

我們反對機械化思想，可是，靈活思考本身很難辦到。

一個人很大機率會越活越封閉，別急著解決。

只要放鬆思考，我們就隨時都可以躺在陳腐的思想之上。**思考僵化以及過早濫用知識，是一個人老化的標誌。**翻譯家阿道斯・赫胥黎（Aldous Leonard Huxley）曾尖銳指出：「很大一部分年輕人似乎在得到動脈硬化之前，就在精神上得了這種疾病。」[3]

3　《巴黎評論・作家訪談錄II》（*The Paris Review: Interviews vol.2*），《巴黎評論》編輯部著，吳筠等譯，印刻，二〇一六年。

有不懂的問題，先別急著解決

我們認知上的基本矛盾，在於我們只能用過去的經驗看待新事物。如果一群住在井底的青蛙開會，大致會得出這樣的結論：「很顯然，這個世界只有井口那麼大。」住在井底的青蛙，有可能相互鼓勵，相互確認，建立了公認的舒適區。我們每個人，本來都可以利用網路打開眼界、看到更多，可是仍然會諷刺自己知識體系之外的東西，得出局限性的結論。

真實世界不斷發生變化，我們的認識也是盤旋上升。沒有任何人的洞察是一次就準確，也不存在一把能打開所有鎖的鑰匙。社會學家齊格蒙．包曼（Zygmunt Bauman）提醒我們：「我們面臨一項前所未有的任務——如何發展出一種藝術，與不確定性永久共存。」還有人說過這樣一句話：「生活本身就充滿不確定性，當你試圖對抗它，實際上你是在對抗人生。」

應對不確定性的靈活方法，最終依託於成長型的思維方式。成長心態[4]不斷打破認識的迴圈，讓人們在挑戰中逐漸提升自己的才智。我們終究要克服的是對完美主義的追求，不可能畢其功於一役，我們要破除有可能一次性解決問題的幻覺。

如果遇到無法理解或難以解決的問題，很難用現有的洞察力穿透它們，那就先放一邊，當我們往前走了一段路，再回頭看時，有些之前不懂的趨勢，自然都懂了。這並非我們的本事提高了，而是走到別處，也許那是一個更高、更有利於觀察與思考的位置。

當我們持續向前時，視野會更開闊，將有機會見識不一樣的山水面貌，只有持續向前，我們才會對之前和之後的道路有更深刻的理解，如此，我們不僅透過趨勢，也用自己的行動推動自我的成長，可見洞察與我們的行動有關。**我們用行動參與了世界的變化，洞察力也因為我們參與世界而得以強化。**

4 兩種不同的思維模式：定型心態（fixed mindset）和成長心態（growth mindset）。前者認為天賦與生俱來，人的才智很難提升；後者認為天賦只是起點，人的才智能夠靠持續學習提高。

國家圖書館出版品預行編目（CIP）資料

10種洞察：洞察，認清世界的真實面目，當個聰明人。直觀真相，裝糊塗也別真糊塗。／王可越著 . -- 初版 . -- 臺北市：大是文化有限公司，2024.02
304面；17×23公分 . --（Biz；448）
ISBN 978-626-7377-17-8（平裝）

1. CST：自我實現　2. CST：成功法

177.2　112016279

Biz 448

10 種洞察

洞察，認清世界的真實面目，當個聰明人。直觀真相，裝糊塗也別真糊塗。

作　　者／王可越
責任編輯／林盈廷
校對編輯／李芊芊
美術編輯／林彥君
資深編輯／蕭麗娟
副總編輯／顏惠君
總 編 輯／吳依瑋
發 行 人／徐仲秋
會計助理／李秀娟
會　　計／許鳳雪
版權主任／劉宗德
版權經理／郝麗珍
行銷企劃／徐千晴
業務專員／馬絮盈、留婉茹、邱宜婷
業務經理／林裕安
總 經 理／陳絜吾

出 版 者／大是文化有限公司
臺北市 100 衡陽路 7 號 8 樓
編輯部電話：（02）23757911
購書相關諮詢請洽：（02）23757911 分機 122
24 小時讀者服務傳真：（02）23756999
讀者服務 E-mail：dscsms28@gmail.com
郵政劃撥帳號：19983366　戶名：大是文化有限公司

法律顧問／永然聯合法律事務所
香港發行／豐達出版發行有限公司 Rich Publishing & Distribution Ltd
地址：香港柴灣永泰道 70 號柴灣工業城第 2 期 1805 室
Unit 1805, Ph.2, Chai Wan Ind City, 70 Wing Tai Rd, Chai Wan, Hong Kong
電話：21726513　傳真：21724355
E-mail：cary@subseasy.com.hk

封面設計／陳皜　內頁排版／王信中
印　　刷／緯峰印刷股份有限公司

出版日期／ 2024 年 2 月　初版
定　　價／新臺幣 399 元（缺頁或裝訂錯誤的書，請寄回更換）
I S B N ／ 978-626-7377-17-8
電子書 ISBN ／ 9786267377116（PDF）
9786267377123（EPUB）